Faça o trabalho que precisa ser feito

→ UM GUIA ACIMA DA MÉDIA

Harvard Business Review
Faça o trabalho que precisa ser feito

Título original: *HBR Guide to Getting the Right Work Done*

Copyright © 2012 por Harvard Business School Publishing Corporation
Copyright da tradução © 2019 por GMT Editores Ltda.
Publicado mediante acordo com Harvard Business Review Press

Todos os direitos reservados. Nenhuma parte deste livro pode ser utilizada ou reproduzida sob quaisquer meios existentes sem autorização por escrito dos editores.

TRADUÇÃO:	Marcelo Schild
PREPARO DE ORIGINAIS:	Ângelo Lessa
REVISÃO:	Rebeca Bolite e Tereza da Rocha
DIAGRAMAÇÃO:	DTPhoenix Editorial
CAPA:	Stephani Finks / HBR Press
ADAPTAÇÃO DE CAPA:	Gustavo Cardozo
IMPRESSÃO E ACABAMENTO:	Cromosete Gráfica e Editora Ltda.

CIP-BRASIL. CATALOGAÇÃO NA PUBLICAÇÃO
SINDICATO NACIONAL DOS EDITORES DE LIVROS, RJ

F123   Faça o trabalho que precisa ser feito/ Peter Bregman... [et al.]; tradução de Marcelo Schild. Rio de Janeiro: Sextante, 2019.
    176 p.; 14 x 21 cm. (Coleção Harvard: um guia acima da média)

Tradução de: HBR guide to getting the right work done
ISBN 978-85-431-0593-2

1. Administração do tempo. 2. Produtividade. 3. Processo decisório. I. Bregman, Peter. II. Schild, Marcelo. III. Série.

18-49477

CDD: 650.11
CDU: 005.36

Todos os direitos reservados, no Brasil, por
GMT Editores Ltda.
Rua Voluntários da Pátria, 45 – 14º andar – Botafogo
22270-000 – Rio de Janeiro – RJ
Tel.: (21) 2538-4100
E-mail: atendimento@sextante.com.br
www.sextante.com.br

Sumário

O que você vai aprender — 9

Seção 1: PRIMEIROS PASSOS — 11

1. Você não vai conseguir fazer *tudo* — 13
   ... então o que deve fazer?
   PETER BREGMAN

2. 9 atitudes das pessoas bem-sucedidas — 19
   O importante não é quem você é, mas o que faz
   HEIDI GRANT HALVORSON

3. Seja mais produtivo: uma entrevista com David Allen e Tony Schwartz — 32
   Você precisa do sistema certo ou da mentalidade certa?
   DANIEL MCGINN

Seção 2: COLOQUE AS TAREFAS EM ORDEM DE PRIORIDADE — 41

4. Faça o trabalho que precisa ser feito e consiga um aumento — 43
   Concentre-se na tarefa que produzirá o maior retorno para sua organização e para você
   PETER BREGMAN

5. Vale a pena investir seu tempo? Faça o teste — 46
   Pare de desperdiçar tempo na tarefa errada
   PETER BREGMAN

6. Diga sim a dizer não   49
Recuse projetos e convites com facilidade
ALEXANDRA SAMUEL

Seção 3: ORGANIZE SEU TEMPO   53

7. Um plano prático para quando você se sentir sobrecarregado   55
Saiba por onde começar
PETER BREGMAN

8. Pare de adiar – agora   59
Cinco dicas para abandonar esse mau hábito
AMY GALLO

9. Não deixe que projetos de longo prazo se transformem em pânico de última hora   62
O que fazer quando você tem "todo o tempo do mundo"
PETER BREGMAN

10. Chega de multitarefa   68
Faça uma coisa de cada vez e produza muito mais
PETER BREGMAN

11. Como permanecer focado no que importa   72
Pare de apagar incêndios
GINA TRAPANI

12. Listas de tarefas que funcionam   75
O segredo é ser minucioso
GINA TRAPANI

13. Como encarar sua lista de tarefas   78
Use a agenda
PETER BREGMAN

14. Recompense a si mesmo por realizar tarefas chatas   81
Quando riscar itens da lista simplesmente não é o bastante
ALEXANDRA SAMUEL

Seção 4: DELEGUE COM EFICIÊNCIA 85

15. Gestão de tempo: quem vai descascar o abacaxi? 87
Delegue, delegue, delegue
WILLIAM ONCKEN JR. E DONALD L. WASS,
COM COMENTÁRIOS DE STEPHEN R. COVEY

16. Níveis de delegação de tarefas 106
Ensine a pescar
LINDA A. HILL E KENT LINEBACK

Seção 5: CRIE RITUAIS 109

17. Ritual: como fazer trabalhos importantes 111
Automatize os bons hábitos
TONY SCHWARTZ

18. Enfrente seu dia com determinação em ciclos de 90 minutos 114
Trabalhe com os ritmos naturais do seu corpo
TONY SCHWARTZ

19. Um plano de 18 minutos para administrar o dia 118
Cheque seu status com frequência para se manter no caminho certo
PETER BREGMAN

20. Um diário de 10 minutos para permanecer nos trilhos 121
A melhor maneira de usar os últimos minutos do seu dia
TERESA AMABILE E STEVEN KRAMER

Seção 6: RENOVE SUA ENERGIA 129

21. Como produzir mais fazendo menos 131
Faça intervalos para produzir mais
TONY SCHWARTZ

22. Administre sua energia, não seu tempo   **133**
O tempo é limitado, mas sua energia não
TONY SCHWARTZ E CATHERINE MCCARTHY

23. Por que profissionais com alto desempenho dormem mais   **140**
... e como você também pode fazer isso
TONY SCHWARTZ

Seção 7: ASSUMA O CONTROLE DE SEU E-MAIL   **145**

24. Simplifique seu e-mail   **147**
Três pastas dão conta do recado
GINA TRAPANI

25. Oito experimentos para eliminar o excesso de e-mails   **151**
Não tenha medo de exagerar
ALEXANDRA SAMUEL

Seção 8: MANTENHA A NOVA ABORDAGEM   **157**

26. Siga firme com seu sistema de produtividade   **159**
Agora você é produtivo; continue assim
ALEXANDRA SAMUEL

Seção 9: EXPLORE MAIS   **163**

27. Outros livros sobre produtividade   **165**
Resumos dos best-sellers de Stephen R. Covey, Julie Morgenstern e David Allen
ILAN MOCHARI

28. Aplicativos e ferramentas de produtividade   **169**
Ferramentas tecnológicas para manter você no caminho certo

O que você vai aprender

Você tem uma pilha de projetos na mesa e não sabe por onde começar? Está atolado em tarefas pouco relevantes porque não sabe delegar? Sua concentração é prejudicada pela chegada incessante de e-mails e notificações de redes sociais? Você sai exausto do trabalho todos os dias, mesmo sem ter concluído muita coisa? Deixou de ser promovido porque seus colegas são mais produtivos que você?

Você não tem como dar conta de *todas* as tarefas, mas existe uma alternativa: aprender a identificar e realizar a tarefa *mais importante*, concentrando tempo e energia onde produzirão o maior retorno para você e sua empresa. Este guia apresenta um conjunto de ferramentas para ajudá-lo a descomplicar sua rotina. Sinta-se livre para experimentá-las e descobrir o que funciona melhor para você.

Neste livro você aprenderá a:

- priorizar;
- manter a concentração;
- produzir mais trabalhando menos;
- abandonar maus hábitos e desenvolver bons hábitos;
- redigir listas de tarefas eficazes;
- dividir projetos complexos em partes administráveis;
- evitar o acúmulo de e-mails;
- recarregar as energias.

Seção 1
Primeiros passos

Capítulo 1
Você não vai conseguir fazer *tudo*

Peter Bregman

Brad é a pessoa mais dedicada ao trabalho que conheço. Não se trata apenas de se manter ocupado: ele faz questão de estar sempre concentrado nas tarefas mais importantes. A estratégia compensa: ele é o funcionário que mais gera receita para a empresa.

Durante um feriado prolongado, Brad viajou com a família para descansar. Durante o voo, decidiu não usar a internet do avião e passou o tempo brincando com os filhos. (Cinco horas de férias digitais.)

Quando aterrissaram, Brad ligou o celular e descobriu que, nesse meio-tempo, uma crise havia se instalado. Havia quase 500 e-mails na caixa de entrada.

E lá se foram suas férias digitais.

O fato é que não conseguimos nos afastar de verdade. Não há como escapar da constante enxurrada de e-mails, mensagens de texto, atualizações de redes sociais – e estamos falando apenas do fluxo de informações que recebemos por meios digitais. Como ficar em dia com tudo isso?

Simplesmente não é possível.

A ideia de que somos capazes de fazer tudo é o maior dos mitos a respeito da gestão de tempo. Brad nunca conseguirá analisar em profundidade todos os e-mails, assim como nenhum de nós será capaz de fazer tudo que deseja.

Vamos encarar a realidade: somos um recurso limitado.

Por um lado, isso é deprimente. Por outro, admiti-lo pode ser tremendamente fortalecedor. Quando nos conscientizamos de que não conseguiremos fazer *tudo*, ficamos em uma posição muito melhor para escolher o que *vamos* fazer. Em vez de permitir que as coisas nos escapem aleatoriamente por entre os dedos, podemos deixar de lado as tarefas irrelevantes e nos concentrar no que importa.

É disso que trata este guia.

Fazer o trabalho mais importante envolve dois desafios principais: identificá-lo e depois concluí-lo.

Para determinar qual é o "trabalho mais importante", precisamos fazer as escolhas que nos levarão aos resultados que desejamos, e isso significa que devemos conhecer nossas prioridades.

Para cumprir o segundo desafio – a execução em si –, necessitamos de ferramentas, como rotinas, listas de afazeres e delegação de tarefas.

Mas quais ferramentas funcionarão melhor para você? Quais rotinas vão ajudá-lo a cumprir seus objetivos?

Para tirar melhor proveito deste guia, siga estes três passos:

1. **Identifique seus desafios na gestão do tempo.** Você deixa o escritório com a sensação incômoda de que trabalhou o dia todo mas não cumpriu a tarefa mais importante? Você se distrai com coisas pequenas, evitando os projetos grandes e complexos? Para descobrir com que se distrai

mais, responda ao questionário "Você sabe lidar com as distrações?", na página seguinte.

2. **Encontre uma ideia que possa exercer o maior impacto sobre seu trabalho.** Após identificar seus principais desafios, leia este guia e ponha em prática a dica que promoverá a maior mudança na sua rotina. Talvez você não saiba bem quais são as suas "tarefas mais importantes". Talvez procrastine demais. Escolha a tática que supostamente o ajudará mais e concentre-se em aplicá-la.

3. **Repita o processo.** Quando perceber que a tática exerceu um impacto significativo sobre seu trabalho, repita o processo. Retorne ao guia e selecione outra dica.

Como Brad é um exemplo de produtividade, preferiu deixar o celular de lado e esperar para responder às mensagens no quarto de hotel. Assim que se instalou, abriu o notebook e atacou a crise: por telefone, aliviou as preocupações do cliente e delegou tarefas; então enviou um e-mail para a equipe e para o cliente detalhando o plano para gerenciar a crise. Uma hora depois, já havia resolvido o problema. Com o computador fechado e o celular da empresa desligado, ele curtiu o jantar com a família – o que, naquele momento, era o que tinha de mais importante a fazer.

Peter Bregman trabalha como consultor de estratégia para CEOs e suas equipes de liderança. Em 2011, publicou *18 Minutes: Find Your Focus, Master Distraction, and Get the Right Things Done* (18 minutos: encontre seu foco, evite distrações e faça o trabalho que precisa ser feito).

TABELA 1-1

Você sabe lidar com as distrações?

1. Apesar de sentir que trabalho sem parar o dia inteiro, não consigo concluir as tarefas mais importantes.	Nunca	Às vezes	Com frequência	Sempre
2. Inicio o dia determinado a me concentrar em uma tarefa, mas, assim que começo a trabalhar (conferir os e-mails, etc.), parece que saio dos trilhos e perco a concentração.	Nunca	Às vezes	Com frequência	Sempre
3. Quando devo concluir uma tarefa importante e desafiadora, perco tempo cuidando de um monte de coisinhas sem valor e evito o que preciso fazer de verdade.	Nunca	Às vezes	Com frequência	Sempre
4. Quando o trabalho se torna desafiador, começo a me interromper entrando na internet, escrevendo e-mails e me distraindo de outras formas.	Nunca	Às vezes	Com frequência	Sempre
5. Quando estou em uma reunião, fico entediado, faço várias coisas ao mesmo tempo e acabo deixando passar algo importante; depois, tento me recuperar sem deixar transparecer que não estava prestando atenção.	Nunca	Às vezes	Com frequência	Sempre
6. Chego atrasado a reuniões e compromissos porque faço as coisas em cima da hora em vez de reservar tempo para me preparar e/ou me deslocar.	Nunca	Às vezes	Com frequência	Sempre
7. Sinto-me sobrecarregado e estressado pelo grande número de coisas que preciso fazer.	Nunca	Às vezes	Com frequência	Sempre
8. Termino o dia frustrado quando penso em tudo que eu pretendia fazer mas não consegui.	Nunca	Às vezes	Com frequência	Sempre
9. Quando tento realizar minhas tarefas, sou interrompido pelos outros e sinto dificuldade em proteger meu tempo.	Nunca	Às vezes	Com frequência	Sempre
10. Não passo tempo suficiente em meu "ponto ideal", ou seja, realizando as tarefas nas quais sou realmente bom e das quais gosto mais.	Nunca	Às vezes	Com frequência	Sempre

Calcule sua pontuação:
Número de marcações:
Nunca _____
Às vezes _____
Com frequência _____
Sempre _____

Guia para a pontuação

Se você selecionou mais "Nunca": Parabéns! Você está se saindo muito bem em focar o trabalho que proporcionará o maior retorno a você e à sua organização. Provavelmente já possui rotinas e táticas que o tornam produtivo. Leia este guia para obter algumas dicas e ideias novas e para aumentar sua coleção de ferramentas de produtividade.

Se você selecionou mais "Às vezes": Você está se saindo muito bem. Talvez sua força de vontade ou sua capacidade de delegar tarefas o ajudem a se concentrar em fazer o trabalho mais importante, no entanto você pode fazer mais para aumentar sua produtividade. Talvez ainda não tenha tentado adotar rotinas. Talvez a obsessão por e-mails esteja tirando seu foco. Continue lendo para descobrir novas lições sobre como fazer o trabalho mais importante.

Se você selecionou mais "Com frequência": Procure utilizar um processo que o ajude a se concentrar no trabalho mais importante. Resista ao apelo de projetos "urgentes" e foque o trabalho que proporcione as melhores recompensas a longo prazo. Aprenda a elaborar listas de tarefas eficazes e siga-as com empenho para encerrar o expediente com a sensação de dever cumprido.

Se você selecionou mais "Sempre": Você precisa de ajuda. Mas saiba que, só por estar lendo este guia, já está no caminho certo para aumentar a produtividade. Identifique seu principal ponto fraco e comece por ele; depois retorne ao guia sempre que precisar.

Este questionário foi retirado do livro de Peter Bregman *18 Minutes: Find Your Focus, Master Distractions, and Get the Right Things Done*. Para ter acesso a ferramentas e recursos gratuitos deste livro (inclusive uma versão on-line deste questionário, com resultados e feedback mais detalhados), acesse peterbregman.com [em inglês].

© **PeterBregman.com. Todos os direitos reservados. Publicado com permissão.**

Capítulo 2
9 atitudes das pessoas bem-sucedidas

Heidi Grant Halvorson

Por que você alcançou com tanto sucesso alguns dos seus objetivos mas não todos? Se não sabe, não é o único nessa situação. Até pessoas brilhantes e realizadas têm dificuldade para compreender isso. A resposta intuitiva – você nasceu com alguns talentos e não outros – é só parte da explicação. Na verdade, décadas de pesquisas indicam que as pessoas bem-sucedidas alcançam seus objetivos pessoais e profissionais não só pelo que *são*, mas quase sempre pelo que *fazem*.

Conheça a seguir as 9 atitudes das pessoas bem-sucedidas. Trata-se de estratégias para estabelecer e perseguir os objetivos que exercem o maior impacto sobre o desempenho.

Extraído, com permissão, do livro *9 atitudes das pessoas bem-sucedidas*, de Heidi Grant Halvorson.

1. Seja específico

Ao estabelecer um objetivo para si, tente ser o mais específico possível. "Perder 2,5 quilos" é melhor do que "perder um pouco de peso", porque lhe dá uma ideia mais clara do que quer alcançar, e isso o mantém motivado. Além disso, pense no que você precisa fazer especificamente para alcançar seu objetivo. Prometer "comer menos" ou "dormir mais" é vago; seja claro e preciso. "Vou dormir às 22 horas durante a semana", por exemplo, não deixa dúvidas sobre o que você precisa fazer e se já o fez ou não.

Reservar um tempo para refletir e então ser específico e expressar exatamente o que quer conquistar impede que você se acomode com pouco – que diga a si mesmo que o que fez é "suficientemente bom" – e deixa mais claro o caminho que precisa trilhar.

Por exemplo, em vez de "se destacar no trabalho", estabeleça uma meta mais concreta, como "um aumento de pelo menos __%" ou "ser promovido, no mínimo, ao cargo de ____".

Para ser bem-sucedido, você também deve ser específico quanto aos obstáculos que existem entre você e seu objetivo. Na verdade, o que você precisa fazer de fato é pensar continuamente no sucesso que quer conquistar e nos passos que o levarão até lá. Essa estratégia é chamada de *contraste mental*, uma forma muito eficiente de estabelecer objetivos e de reforçar seu comprometimento.

Para usá-la, imagine primeiro como você vai se sentir quando atingir seu objetivo, e faça-o com o máximo de detalhes. Depois, pense nos obstáculos que precisará superar. Por exemplo, se você quer ter um emprego melhor e um salário mais alto, deve começar imaginando o orgulho e a empolgação que sentiria ao aceitar uma oferta de uma grande empresa. Então reflita sobre o que há entre você e a oferta – isto é, todos os potenciais candidatos que desejam o mesmo emprego. Isso faz você querer melhorar um pouco o seu currículo, não? Nesse processo você se dá conta da *necessidade de agir*, um estado fundamental para alcançar seu objetivo, porque cria um estímulo psicológico. O contraste mental transforma desejos em realidade ao chamar atenção para o que você precisará fazer para que isso aconteça.

2. Escolha o momento certo para agir

Somos tão ocupados e perseguimos tantos objetivos diferentes que é normal perdermos oportunidades de agir apenas por sermos incapazes de percebê-las. Você realmente não teve tempo para se exercitar hoje? Não teve mesmo chance de, em algum momento, retornar aquela ligação?

Para não deixar o momento certo passar, decida antecipadamente quando e onde vai agir. Mais uma vez, seja o mais específico possível (por exemplo, "Segunda, quarta e sexta vou me exercitar durante 30 minutos antes de ir trabalhar"). Estudos revelam que esse tipo de planejamento ajuda o cérebro a detectar e aproveitar a oportunidade quando ela surge, aumentando a chance de sucesso em cerca de 300%. (Para mais informações sobre como planejar quando e onde você realizará tarefas, leia o Capítulo 13, Como encarar sua lista de tarefas.)

Decidir antecipadamente quando e onde você praticará ações específicas para atingir seu objetivo (ou como abordará os obstáculos que encontrará) é provavelmente a coisa mais útil que você pode fazer para garantir êxito. Para isso, você deve executar planos do tipo se-então, que assumem a seguinte forma:

Se *X* acontecer, então vou fazer *Y*.

Por exemplo:

Se estou me distraindo demais com os colegas de trabalho, então vou estabelecer um limite de cinco minutos para conversar com eles.

Por que esses planos são tão eficientes? Porque são escritos na linguagem que o cérebro entende – a das possibilidades. Seres humanos são especialmente bons em codificar e recordar informações na forma "se X, então Y" e em usar essas possibilidades para guiar o próprio comportamento, em geral de modo inconsciente.

Após formular um plano se-então, seu inconsciente começará a investigar o ambiente em busca da situação referente à parte "*se*". Isso vai permitir que você reconheça o momento fundamental ("Ah, são 4 da tarde! É melhor retornar aquelas ligações.") mesmo quando estiver ocupado com outras coisas.

Como você já decidiu o que precisa ser feito, pode executar o plano sem ter que pensar conscientemente nele.

3. Saiba exatamente quanto falta para concluir

Para alcançar qualquer objetivo também é necessário o monitoramento honesto e regular do seu progresso – seja por outros ou por si mesmo. Se não souber como está se saindo, não será capaz de ajustar seu comportamento ou suas estratégias em função do seu desempenho. Verifique seu progresso com frequência – a cada semana ou até mesmo diariamente, dependendo da meta.

O feedback nos ajuda a manter a motivação porque, no inconsciente, percebemos qualquer discrepância entre o ponto em que estamos e onde queremos estar. Quando o cérebro detecta uma discrepância, ele reage empregando recursos: atenção, esforço, um processamento mais apurado das informações e força de vontade.

Se o automonitoramento e o feedback são tão importantes, por que não recorremos sempre a essas ferramentas? Primeiro, porque exigem esforço – temos que parar o que estamos fazendo e realmente nos concentrar na avaliação. Segundo, porque nem sempre o resultado é positivo; às vezes evitamos verificar nosso progresso porque não queremos saber que evoluímos pouco. Esse acompanhamento demanda muita dedicação, mas você pode facilitar as coisas usando o plano se-então para marcar suas autoavaliações.

Feita do jeito certo, a avaliação do progresso vai mantê-lo motivado do começo ao fim. Caso contrário, poderá até desanimá-lo. Uma pesquisa recente feita por Minjung Koo e Ayelet Fishbach, psicólogos da Universidade de Chicago, examinou como pessoas que buscam determinado objetivo são afetadas ao se concentrarem ou no ponto em que se encontram (raciocínio datado) ou em quanto falta para realizarem o objetivo (raciocínio faltante).

Os estudos de Koo e Fishbach mostram consistentemente que, quando perseguimos um objetivo e pensamos no que já alcançamos, temos uma sensação equivocada de realização e começamos a fazer corpo mole.

Quando focamos o progresso já feito, também há uma probabilidade maior de buscarmos uma sensação de "equilíbrio", tentando alcançar outros objetivos importantes. Como resultado, deixamos vários projetos inacabados.

Se, em vez disso, direcionamos nossa atenção para quanto falta percorrer para atingir o objetivo (raciocínio faltante), a motivação se mantém ou aumenta. Assim, quando for avaliar seu progresso, permaneça focado no objetivo e nunca se vanglorie do que nem sequer terminou de fazer. Guarde os autoelogios para quando houver finalizado um bom trabalho.

4. Seja um otimista realista

Ao estabelecer um objetivo, faça uso do pensamento positivo e se imagine chegando à reta final, feliz e vitorioso. Acreditar na sua capacidade de ser bem-sucedido é muito útil para criar e manter a motivação. Mas não subestime o tempo, o planejamento, o esforço e a persistência que serão necessários para atingir sua meta. Pensar que as coisas vão acontecer de forma fácil e sem esforço o deixa mal preparado para sua jornada e aumenta significativamente a chance de fracasso.

Esta é a diferença entre ser um otimista realista e um otimista irrealista:

Os realistas acreditam que serão bem-sucedidos, mas sabem que para isso precisam fazer acontecer – por meio de esforço, planejamento cuidadoso, persistência e escolha das estratégias corretas. Eles reconhecem a necessidade de pensar seriamente em como superar os obstáculos.

Os irrealistas, por outro lado, acreditam que o sucesso vai surgir do nada – que o universo vai recompensá-los pelo pensamento positivo ou que de alguma forma, da noite para o dia, todos os obstáculos no caminho deixarão de existir.

Cultive o otimismo realista combinando uma atitude positiva com uma avaliação honesta dos desafios que o aguardam. Não visualize apenas o sucesso, mas os passos que precisará dar até alcançar seu objetivo. Se a primeira estratégia não funcionar, qual é o plano B? (Esse é outro momento ótimo para usar os planos se-então.) Lembre-se: não é "negativo" pensar nos problemas que você provavelmente enfrentará – tolice é não fazer isso.

5. Não se contente em ser bom; busque tornar-se melhor

Acreditar que você tem capacidade para alcançar seus objetivos é importante, mas também é bom lembrar que você pode desenvolver novas habilidades. Muitos de nós achamos que inteligência, personalidade e aptidões físicas são características fixas – que, não importa o que façamos, não vamos nos aperfeiçoar. Como resultado, estabelecemos objetivos que têm a ver com provar que é suficiente apenas termos os talentos, e não com desenvolvimento e aquisição de novas habilidades.

Felizmente, *é possível aprimorar habilidades de todos os tipos*. Aceitar que você pode mudar vai lhe permitir tomar decisões melhores e alcançar todo o seu potencial. Pessoas que têm intenção de melhorar sempre, não de apenas serem boas no que fazem, sabem lidar com as dificuldades e apreciam tanto a jornada quanto o destino final.

Então, como você pode ficar motivado para assumir novas responsabilidades com confiança e energia? A resposta é simples, apesar de talvez um pouco supreendente: *dê a si mesmo permissão para errar*.

Sei que isso não deve ser animador, porque é provável que você tenha pensado: "Se eu fizer algo de errado, vou arcar com as consequências." Mas quando indivíduos sentem que podem cometer erros, a probabilidade de cometê-los se torna significativamente menor!

As pessoas encaram qualquer tarefa com um destes objetivos: *ser bom* – quando o foco está em provar que você é muito eficiente e já sabe o que está fazendo; ou *melhorar* – quando deseja desenvolver uma habilidade e aprender uma nova função.

O problema é que o objetivo de ser bom tende a não dar certo quando encaramos algo desconhecido ou difícil. Rapidamente começamos a sentir que não sabemos o que estamos fazendo, que nos falta habilidade, e isso gera muita ansiedade. E nada interfere no desempenho tanto quanto a ansiedade; ela é o pior inimigo da produtividade.

Por outro lado, quando o objetivo é melhorar, o sucesso é praticamente garantido. Quando pensamos no que estamos fazendo em termos de aprendizado e domínio, aceitando que podemos cometer alguns erros pelo caminho, permanecemos motivados, apesar dos obstáculos.

Quando nos atemos a melhorar também tornamos a rotina do trabalho mais satisfatória; naturalmente sentimos que o que fazemos fica mais interessante e agradável quando pensamos nisso em termos de progresso, não de perfeição. Considerar relevante o que você faz e acreditar que seu trabalho tem valor é uma das formas mais eficientes de manter a motivação. Na verdade, esse interesse não apenas o mantém ativo a despeito do cansaço como também recompõe suas energias.

6. Tenha garra

Garra é a disposição de se comprometer com objetivos de longo prazo e persistir diante das dificuldades. Pessoas com essa característica estudam mais durante a vida e conseguem resultados melhores na faculdade. O nível de garra determina quais cadetes vão se destacar no exército. Na verdade, a garra determina até a colocação dos concorrentes em um concurso de soletração.

A boa notícia é que, mesmo que você ache que lhe falta garra, é possível fazer algo a respeito. Muitas pessoas acreditam que não possuem as habilidades inatas que os bem-sucedidos têm. Mas isso é um grande equívoco. Como mencionado antes, esforço, planejamento, persistência e boas estratégias são tudo de que você precisa para ter sucesso. Aceitar isso não apenas vai ajudá-lo a ver a si mesmo e seus objetivos com mais precisão, como também desenvolverá sua garra de forma incrível.

Várias pesquisas sobre pessoas bem-sucedidas – atletas, músicos, matemáticos ou inventores – demonstram que o segredo para o sucesso e o desenvolvimento de habilidades é a prática intensa, longa e deliberada.

Ter garra é não desistir diante das dificuldades, mesmo quando você estiver cansado ou apenas entediado. O melhor indicador da persistência é avaliar como *explicamos* a dificuldade. Quem você culpa quando está enfrentando problemas?

Os que defendem a *teoria da entidade* estão convencidos de que a capacidade é fixa e tendem a *apontar a falta de capacidade como justificativa para contratempos*. "Se isto é difícil para mim, não devo ser bom nisso." Quem pensa assim não tem garra. São pessoas que desistem cedo demais, reforçando de forma inadvertida a crença (equivocada) em que não podem melhorar.

Os partidários da *teoria incremental* tendem a *atribuir os reveses a fatores mais controláveis* – como esforço insuficiente, estratégia equivocada e falta de planejamento. Ao enfrentarem dificuldades, eles se esforçam mais, acreditando que sempre é possível aprimorar habilidades. Essa atitude é recompensadora, ocasionando grandes realizações a longo prazo.

A transformação de fato é possível, e isso é provado cientificamente. Não há habilidade que não possa ser desenvolvida por meio da experiência. Na próxima vez que se pegar pensando "Mas eu simplesmente não sou bom nisso", lembre-se: você não é bom nisso *ainda*.

7. Exercite sua força de vontade

Os "músculos" do autocontrole são como os demais músculos do corpo: sem exercício, enfraquecem com o tempo. Mas quando você se exercita regularmente eles se fortalecem e têm aumentada a capacidade de ajudá-lo a alcançar seus objetivos.

Para desenvolver sua força de vontade, aceite um desafio que lhe exija algo que preferiria não fazer. Por exemplo: parar de comer bobagens, fazer 100 abdominais por dia, corrigir a postura ou tentar aprender uma nova habilidade. Não desista se você perceber que está desanimado para atingir a meta. Comece com apenas uma atividade e planeje como vai lidar com os problemas quando eles ocorrerem ("Se eu tiver vontade de fazer um lanchinho, vou comer uma fruta ou uma barrinha de cereais"). Será difícil no começo, mas ficará mais fácil, e saber disso é suficiente. À medida que sua força de vontade aumentar, você vai poder assumir mais desafios e reforçar seu autocontrole.

Assim como os músculos, a força de vontade pode variar em potência, não somente de acordo com a pessoa, mas também com o momento.

A boa notícia é que a diminuição da força de vontade é apenas temporária. Dê ao músculo tempo para recuperar a força e você voltará a entrar em forma. Quando o descanso não é uma opção, você pode acelerar a recuperação simplesmente pensando em pessoas que possuem muito autocontrole.

Ou tente estimular a si mesmo. Qualquer coisa que melhore seu ânimo – ouvir sua música favorita, telefonar para um amigo ou refletir sobre projetos anteriores que tenha concluído com sucesso – também deve ajudá-lo a restaurar seu autocontrole quando precisar de uma solução rápida.

8. Não desafie o destino

Por mais que os músculos da sua força de vontade sejam muito desenvolvidos, é importante sempre respeitar o fato de ela ser limitada. Se você usá-la demais, vai esgotá-la temporariamente. Se possível, tente não ter dois objetivos desafiadores de uma só vez (algo como parar de fumar e fazer dieta ao mesmo tempo). E facilite as coisas ficando longe das tentações. Algumas pessoas, por se sentirem muito autoconfiantes, acabam se colocando em situações nas quais há inúmeras tentações. As mais bem-sucedidas sabem que não devem transformar um objetivo em algo mais difícil do que já é.

Resistir às tentações é parte fundamental de se atingir qualquer meta. O que queremos fazer geralmente é o oposto do que precisamos fazer a fim de alcançarmos nossos propósitos profissionais e pessoais. Isso pode soar um pouco contraintuitivo, mas a primeira coisa que você deve fazer se estiver realmente disposto a resistir às tentações é *aceitar que a força de vontade é limitada*.

Mesmo que você tenha acumulado grandes reservas de força de vontade, não vai conseguir usá-la ao fim de um longo dia de estresse no trabalho. Por isso, é muito importante parar para refletir quando achar que vai se sentir esgotado e vulnerável e elaborar um plano se-então para se manter nos trilhos.

É muito mais fácil se abster totalmente de fazer algo do que ceder apenas um pouco e depois parar. E, quanto mais tempo um comportamento perdura, mais você precisa de autocontrole para interrompê-lo. Se não quiser comer a fatia inteira do bolo, não comece com "apenas um pedacinho".

9. Concentre-se no que você *vai* fazer, e não no que *não vai* fazer

Você quer ser promovido, parar de fumar ou conter o mau temperamento? Então pense em formas de substituir comportamentos nocivos por outros produtivos. Em geral, as pessoas concentram todos os esforços no que querem parar de fazer e se esquecem de pensar em como compensar as verdadeiras necessidades. Evitar um pensamento o deixa mais ativo na mente. O mesmo acontece com o comportamento; ao tentar não fazer alguma coisa, você tende a querer fazê-la ainda mais.

Se quer mudar algo, pergunte-se: o que vou fazer em vez disso? Se, por exemplo, o problema for o temperamento, você pode fazer planos como "Se eu começar a ficar com raiva, vou respirar fundo três vezes para me acalmar". Ao utilizar esse procedimento, seu impulso sabotador do sucesso vai se desgastar até desaparecer completamente.

Quando decidir criar um plano se-então para ajudá-lo a alcançar seu objetivo, a próxima coisa que precisará fazer é descobrir como construí-lo.

Existem três tipos de planos se-então:

- **Planos se-então de "substituição"** fazem exatamente o que o nome sugere – substituem um comportamento negativo por outro positivo (como na estratégia de administração da raiva descrita anteriormente).

- **Planos se-então de "ignorar"** são focados em bloquear sentimentos indesejados, como vontades, ansiedade ou inseguranças ("Se eu tiver vontade de fumar, vou ignorá-la").

- **Planos se-então de "negação"** definem as ações que você não realizará no futuro. Se quiser evitar um comportamento, simplesmente planejará não executá-lo ("Se eu for ao shopping, não comprarei nada").

Dos três tipos, os planos de substituição são os mais bem-sucedidos. Quando se trata de atingir objetivos, concentrar-se no que você *vai* fazer, em vez de pensar no que *não* vai fazer, é a forma mais eficiente de alcançá-los.

Heidi Grant Halvorson é Ph.D., psicóloga social, palestrante e autora de *9 atitudes das pessoas bem-sucedidas* (Editora Sextante) e de *Sucesso – Como alcançar suas metas* (Alta Books). Seu blog, The Science of Success (A ciência do sucesso), pode ser acessado em www.heidigranthalvorson.com.

Capítulo 3
Seja mais produtivo

Uma entrevista com David Allen
e Tony Schwartz

Daniel McGinn

David Allen é consultor, coach e autor de *A arte de fazer acontecer*, livro que vendeu mais de 3 milhões de exemplares. Nele, Allen descreve os sistemas de eficiência baseados em listas conhecidos pela sigla GTD (de *Getting Things Done*, o título original do livro). Tony Schwartz, autor de *Be Excellent at Anything* (Seja excelente em qualquer coisa), é CEO do The Energy Project, que ajuda pessoas e organizações a aumentar a produtividade baseando-se na ciência do alto desempenho.

Nesta conversa com a *Harvard Business Review*, eles falam sobre como os e-mails são capazes de nos distrair, de que maneira influenciaram um ao outro e por que a principal tarefa do dia deve ser a primeira coisa que você deve realizar logo pela manhã (apesar de apenas um deles fazer isso).

Extraído de *Harvard Business Review*, maio de 2011.

HBR: Vamos começar com algo simples. Como cada um de vocês define o que faz?

Allen: Eu ajudo pessoas e organizações a produzir mais, com menos informações perdidas. Ensino um conjunto de melhores práticas e uma metodologia que aumentam a sensação de concentração e controle.

Schwartz: Ensinamos indivíduos e organizações a administrar sua energia com mais eficiência para realizar mais trabalhos em menos tempo e de modo mais sustentável. Isso exige uma nova forma de trabalhar, alternando e equilibrando períodos de alta concentração com outros de renovação.

Façam um breve resumo das técnicas ensinadas em seus livros.

Allen: Chamo o que descobri de "o valor estratégico do espaço livre". Digamos que você vai preparar um jantar para algumas pessoas. São 5 da tarde e elas chegarão às 6. Você quer ter à sua disposição todos os ingredientes e utensílios necessários e também uma cozinha limpa e arrumada. Você precisa da liberdade para fazer uma bagunça criativa. Eu ensino as pessoas a conquistar essa liberdade através de passos imediatos e concretos: organizando em listas todos os compromissos e projetos, concentrando-se nas "ações seguintes" e pensando no contexto – um trabalho que precisa ser feito no escritório, ao telefone ou no computador. Você não precisa mudar quem é, só precisa de algumas técnicas simples, porém muito poderosas.

Schwartz: Nós nos concentramos nas quatro dimensões fundamentais de energia necessárias para alcançarmos o máximo de desempenho. O nível básico é físico – forma física, sono, alimentação e repouso. No nível emocional, é importante cultivar emoções positivas e, como líder, transmiti-las. No nível mental, você precisa obter um controle maior da atenção. Para isso, deve aumentar sua habilidade de se concentrar em uma coisa de cada vez e aprender a ativar o hemisfério cerebral direito para realizar trabalhos mais criativos. No nível espiritual, precisa definir seu propósito, pois investimos muito mais energia em algo que consideramos realmente importante. Pouquíssimos gestores e líderes que conheci sabem que atender perfeitamente a essas necessidades – próprias e dos outros – é fundamental para um alto desempenho sustentável. Eles são bons em fazer coisas e têm sido recompensados por isso com ainda mais coisas para fazer. O problema é que, cada vez mais, a demanda supera a capacidade deles. Estão sobrecarregados de e-mails, mensagens e toda a informação que chega. Precisamos ensiná-los a dar um passo para trás e se perguntar: "O que quero realmente fazer? Quais são as escolhas certas? Quais são os custos de fazer essa escolha?"

Vamos falar sobre alguns dos princípios concretos que vocês ensinam. Tony, explique por que você acha que as pessoas deveriam ver o trabalho como uma série de corridas curtas, não como uma maratona que dure o dia inteiro.

Schwartz: Existe um equívoco fundamental no que diz respeito ao funcionamento do ser humano em sua capacidade máxima. A maioria de nós presume erroneamente que devemos operar como computadores – em alta velocidade, sem parar, durante longos períodos, executando vários programas ao mesmo tempo. Errado. Os seres humanos são projetados para serem *rítmicos*. O coração pulsa; os músculos contraem e relaxam. Alcançamos a capacidade máxima quando alternamos períodos de gasto intenso de energia com períodos de recuperação. Precisamos aprender com os atletas, que administram bem os índices de trabalho e descanso. Assim, estimulamos as pessoas a trabalhar intensamente por 90 minutos e, em seguida, fazer uma pausa para se recuperar. Sugerimos que façam refeições pequenas e altamente energéticas em intervalos de poucas horas em vez de três grandes refeições por dia. Acreditamos que cochilar aumenta a produtividade, apesar da dificuldade de convencer a maioria das companhias disso. A verdade é que, se um profissional trabalha continuamente o dia todo, produzirá menos do que alguém com o mesmo talento que trabalha muito intensamente por períodos curtos, se recupera e depois volta a trabalhar com todo o pique. (Para aprender mais sobre o assunto, leia os Capítulos 18, Enfrente seu dia com determinação em ciclos de 90 minutos; e 22, Administre sua energia, não seu tempo.)

Allen: Também é uma questão de escolher a coisa certa a fazer. Peter Drucker disse que a tarefa mais difícil para quem trabalha com conhecimento é definir o trabalho. Cem anos atrás, 80% do mundo produzia e transportava coisas. Você trabalhava o máximo de tempo que conseguisse, dormia, acordava e voltava a trabalhar. Não precisava fazer escolhas ou tomar decisões executivas. É mais difícil ser produtivo hoje, porque o trabalho se tornou muito mais complexo.

David, qual é o maior obstáculo para a produtividade que você costuma observar ao pisar pela primeira vez numa empresa?

Allen: As pessoas não capturam as coisas que detêm sua atenção, não as reconhecem nem as transformam em objetivos. E isso fica circulando na psique organizacional e na psique pessoal, drenando energia e criando volumes incríveis de resíduos mentais. Elas dizem "Vou fazer tal coisa", mas não tomam nota, e a tarefa acaba caindo em um buraco negro. Se fosse só uma coisinha, não haveria problema, mas são centenas. E ninguém determina exatamente qual é o seu grau de comprometimento com as tarefas – qual resultado deseja obter, qual é a próxima ação necessária. A mente serve para *ter* ideias, não para *armazená-las*. Externalizar tudo que está na cabeça é um passo enorme para aumentar a produtividade e pode surtir um efeito significativo.

O problema é que isso gera listas de afazeres gigantescas, por si sós opressivas...

Allen: Você precisa de listas porque o cérebro não é bom em guardar informações. A mente é um computador pequeno e burro que vai acordá-lo às 3 da manhã e massacrá-lo por causa de coisas que você não pode resolver ali deitado. Ela está apenas repetindo as coisas em ciclos, e isso suga a sua energia.

Schwartz: É necessário se submeter a um processo de humildade. É uma espécie de adaptação da noção dos 12 passos, na qual você admite que é impotente diante dos seus vícios. No caso, seus vícios são e-mails e informações. O problema é que a força de vontade e a disciplina são incrivelmente supervalorizadas. Pensamos que, para mudar, é preciso tentar com mais empenho – resistir ao biscoito ou acordar cedo para ir à academia. Isso não funciona. É uma lição de humildade descobrir que somos criaturas de hábitos e que o que fizemos ontem é o que faremos hoje. Você deve deixar de lado o processo que estimula o surgimento de hábitos negativos sem sua intenção e substituí-lo pelo que chamamos de "rituais positivos", ou práticas deliberadas. (Veja a Seção 5: Crie rituais.)

Quanto vocês conhecem do trabalho um do outro e quanto usam das estratégias um do outro?

Schwartz: Eu sempre fiz listas, mas, até ter contato com o trabalho de David, não imaginava que qualquer coisa que não anotasse no papel podia criar distração. Portanto, agora faço listas de *tudo*. Outro ritual meu que se alinha com o trabalho de David é sempre encarar a tarefa mais importante do dia antes de qualquer outra, pela manhã, quando estou mais descansado e menos distraído. Noventa por cento das pessoas conferem o e-mail assim que chegam ao trabalho. Ao fazer isso, entregam sua agenda de trabalho a outra pessoa.

David, como o pensamento de Tony influenciou sua forma de trabalhar?

Allen: O elemento que fez a maior diferença para mim foi o trabalho dele sobre ciclos de energia. Até deixo um travesseiro no escritório. Trabalho em uma sala com paredes de vidro, e agora as pessoas podem me ver tirando uma soneca de 20 minutos. Isso é resultado direto do trabalho de Tony. Gostaria de ter a mesma disciplina que ele tem para realizar as tarefas mais difíceis antes de qualquer outra pela manhã, mas não tenho.

Schwartz: Não é que você não tenha disciplina – você não tem o ritual. Tenho certeza de que pode fazer isso, caso estabeleça o ritual.

Allen: Uma das formas de superar esse problema é decompor as tarefas grandes em partes e se concentrar nas "próximas ações", que parecerão mais administráveis. O que a maioria das pessoas coloca na lista de afazeres são itens vagos como "Mãe". Vamos supor que Tony anote "Mãe" na agenda e que isso signifique que ele precisa decidir se vai comprar um presente de aniversário para ela, o que comprar e como entregar o presente. Ele resistirá a olhar para a lista, pois sabe que por trás dessa anotação simples há muito trabalho a fazer. Em vez disso, porém, a lista deveria especificar ações menores, mais simples – por exemplo, "Telefonar para minha irmã. Assunto: Aniversário da minha mãe". Ah, veja... isso eu consigo fazer! Existe uma parte de nós que adora produzir, que adora concluir as coisas. Com isso crio motivação: enxergo o resultado desejado, tenho a confiança em que consigo alcançá-lo e vejo o caminho. Muito do que o GTD faz é organizar tudo de modo que você só precise pensar uma vez nas coisas. O problema é que hoje todas as pessoas estão em modo multitarefa e se distraem com o que acontece de mais recente e mais impactante. Elas fracassam porque não capturaram, esclareceram, organizaram ou assimilaram um sistema de revisão no qual confiem.

Schwartz: Permita-me discordar um pouco. Digamos que você esteja trabalhando em uma tarefa boba e receba um e-mail. Você ouve aquele bipe pavloviano e não resiste – volta a atenção para o e-mail, perde o fio da meada em relação à tarefa e demora para se reconectar a ela. Pesquisadores descobriram que, com o tempo e a prática, as pessoas desenvolvem a capacidade de alternar tarefas, mas nem de longe são tão eficientes quanto seriam fazendo uma coisa de cada vez. (Veja a Seção 3: Organize seu tempo.)

Allen: Vamos nos aprofundar. Por que as pessoas se distraem com o alerta de novo e-mail? Porque não confiam em que esvaziaram a caixa de entrada do e-mail devidamente. Elas vivem em modo de emergência. Nunca lidam de fato com a caixa de e-mails, por isso temem que reste algo importante ali e permitem que as mensagens as atrapalhem. (Veja a Seção 7: Assuma o controle de seu e-mail.)

Última pergunta: se as pessoas pudessem aproveitar somente uma coisa do trabalho de cada um de vocês, o que deveria ser?

Schwartz: Precisamos reconhecer que os seres humanos são basicamente organismos que contêm energia, e que a energia ou está sendo renovada ou está sendo dissipada. A empresa precisa perceber que parte de sua responsabilidade, queira ela ou não, é assegurar que as pessoas estejam com o tanque de energia cheio. Essa é uma das grandes variáveis que determinarão quais organizações prosperarão nos próxmos 10 ou 20 anos. [E, até que as organizações façam isso, nós mesmos precisamos assumir essa responsabilidade.]

Allen: Pense no seguinte: enquanto estivemos sentados aqui conversando, mensagens se acumularam em nossas caixas de entrada. Parte delas pode mudar significativamente nossas prioridades. Quando voltarmos a atenção para elas, precisaremos eliminar questões antigas que pesam sobre nós, roubam nossa atenção, e redirecionar os recursos para as novas prioridades. Cada um de nós só pode fazer uma coisa de cada vez e nossos recursos são limitados. Ou nos sentimos bem aqui tendo esta conversa ou nos sentimos mal por causa das outras 9 mil coisas que não estamos fazendo. Todos precisamos de um sistema para tomar essas decisões com sabedoria.

Daniel McGinn é editor sênior da *Harvard Business Review*.

Seção 2
Coloque as tarefas em ordem de prioridade

Capítulo 4
Faça o trabalho que precisa ser feito e consiga um aumento

Peter Bregman

Um amigo seu, que há anos tenta perder peso, diz que desistiu de fazer dietas e vai simplesmente tomar um remédio para queimar a gordura. A ideia de obter resultados imediatos é atraente, mas a verdade é que não existem soluções rápidas, quer você esteja tentando emagrecer, quer esteja administrando a carga de trabalho.

Fui lembrado disso quando um jornalista me perguntou que conselho eu daria a alguém que quisesse pedir aumento num momento em que a média dos salários está congelada ou diminuindo. Minha resposta: não peça aumento.

Não que eu não ache que as pessoas não possam conseguir aumento agora. Mas, se você não passou o último ano preparando o terreno, é pouco provável que tenha sucesso. Não existe uma fórmula – palavras perfeitas ou interpretações de acontecimentos – que garanta um aumento com apenas um ou dois dias de preparação.

Mas existe uma fórmula para obter mais dinheiro com o passar do tempo. E ela começa com sua capacidade de priorizar.

A fórmula é baseada em uma premissa simples: podemos conseguir um aumento quando demonstramos que agregamos valor. E podemos agregar valor quando passamos a maior parte do tempo concentrados nos trabalhos que os principais líderes da empresa *consideram* valiosos, quase sempre os que aumentam o faturamento ou os lucros, tanto a curto quanto a longo prazo.

No entanto, quando não temos certeza de quais são as tarefas mais recompensadoras, nós investimos a mesma quantidade de energia e esforço em tudo ou deixamos o trabalho mais importante escapar entre os dedos.

Fazer escolhas mais pensadas e estratégicas sobre onde investir o tempo pode ser a diferença entre um salário estagnado e um salário crescente. Podemos ser mais produtivos quando sabemos quais iniciativas merecem nossa prioridade.

Aqui está minha fórmula para conseguir um aumento:

1. Quando for conversar sobre salário com seu chefe, **aceite o que ele oferecer sem negociar e com gratidão**. Depois, explique que está menos interessado em um aumento neste exato momento e mais interessado em *como você pode agregar valor à organização*.

2. **Pense como um acionista da empresa**. Faça muitas perguntas sobre a estratégia e o que tem preocupado os líderes. Compreenda como seu departamento afeta o faturamento ou a lucratividade e o que é importante para seu superior direto. Junto ao seu gestor, identifique as duas ou três tarefas principais que você pode cumprir para estimular o rendimento ou a lucratividade do setor. Depois dessa conversa, *você saberá em que deverá manter o foco para alcançar o que deseja*.

3. **Mantenha essas duas ou três tarefas no topo da lista de afazeres.** Comece cada dia de trabalho com a certeza de que está concentrando seus esforços nas questões mais relevantes. Compartilhe a lista de tarefas com seu gestor, para que vocês fiquem em sintonia sobre as prioridades e sobre como seu trabalho afeta o quadro geral. Traduza o impacto do seu trabalho em números. Caso seu gestor lhe peça que cumpra uma tarefa que não é prioridade, resista e discuta possíveis alternativas. Você certamente precisará colaborar com algumas coisas sem importância, mas faça a escolha estratégica de evitá-las ao máximo.

Após cerca de seis meses trabalhando com esse tipo de foco, você estará pronto para falar com seu gestor e mostrar que agregou bastante valor onde mais importa. Durante a conversa, você também estará pronto para mencionar o aumento. Esse é o momento ideal, pois a maioria das organizações começa a pensar nos orçamentos dos departamentos a cada seis meses.

Essa fórmula funciona porque não é um truque. Quando você se concentra na sua prioridade número um – mesmo que precise resistir quando seu gestor lhe pedir que trabalhe em outras tarefas –, você e seu gestor se tornam mais produtivos e a empresa é beneficiada. Isso significa mais recursos em caixa, o que lhe dá mais segurança no cargo e aumenta suas chances de promoção.

Peter Bregman trabalha como consultor de estratégia para CEOs e suas equipes de liderança. Em 2011, publicou *18 Minutes: Find Your Focus, Master Distraction, and Get the Right Things Done.*

Capítulo 5
Vale a pena investir seu tempo? Faça o teste

Peter Bregman

Depois de muitos anos como consultor freelancer, Nate começou a trabalhar em uma grande empresa de consultoria. Um dia, ele me ligou para pedir conselhos.

"Estou desperdiçando uma quantidade incrível de tempo", reclamou. "Passo o dia em reuniões. Só consigo trabalhar de verdade se chego supercedo e fico até muito depois do horário."

Nate mudara de uma organização que tinha um funcionário para outra com milhares de profissionais e estava sofrendo com o tempo que perdia em tarefas envolvendo outras pessoas. Mas esse não é um caso isolado.

Trabalhar com pessoas consome tempo. E pessoas diferentes têm prioridades diferentes. Se um colega quer sua opinião em relação a algo crucial para ele mas não para você, não veja isso

---

Adaptado de conteúdo postado em hbr.org em 1º de abril de 2010.

como perda de tempo. É importante trabalhar de forma colaborativa e muitas vezes queremos ajudar quem precisa.

Por outro lado, todos já sentimos na pele a dor de Nate: como empregar nosso tempo nas tarefas em que agregamos o máximo de valor e deixar o resto de lado?

Precisamos de um método rápido e seguro para: identificar e reduzir os compromissos irrelevantes com rapidez e segurança; saber quando precisamos lidar com algo ou quando podemos delegar a tarefa; e administrar o desejo de estarmos disponíveis para os outros.

A seguir, proponho um teste rápido. Todo compromisso que você deseja assumir deve antes passar pelo crivo destas três questões. Quando alguém procurá-lo com um pedido, pergunte a si mesmo:

1. Sou a pessoa certa para fazer isso?
2. Este é o momento adequado?
3. Tenho informações suficientes?

Se uma das respostas for "não", não atenda a solicitação. Passe-a para outra pessoa (a pessoa certa), agende-a para outro momento (o momento certo) ou aguarde até receber as informações necessárias (você ou outra pessoa precisa obtê-las).

Às vezes, é impossível ou inapropriado se isolar. E se o seu chefe interrompê-lo, por exemplo? E se você estiver de férias e um cliente importante procurá-lo com uma questão urgente e fundamental?

As perguntas do teste oferecem uma maneira clara, fácil e consistente de saber como responder aos pedidos e ajudam a evitar nossa tendência a dizer sim para tudo.

Se seu chefe lhe pedir que faça algo e o pedido não passar no teste, não só é bom para você como é útil para todos reorientá-lo para que a tarefa seja cumprida de modo produtivo. Não é interessante para você, para seu chefe ou para a organização que você desperdice tempo com o trabalho errado.

Eis a ironia: tentamos estar disponíveis porque queremos ser úteis, mas o fato de estarmos sobrecarregados de tarefas – especialmente as que consideramos desperdício de tempo – é exatamente o que nos torna menos úteis.

Quando somos convocados a uma reunião que não passa no teste, devemos recusá-la. Quando somos copiados em um e-mail que não exige nossa atenção, precisamos deletá-lo. E uma apresentação de 50 páginas tem que passar no teste antes de ser lida – e, se passar, vale a pena perguntar antes quais as páginas mais importantes.

Semanas depois de compartilhar as três perguntas com Nate, telefonei para o escritório dele às 6 da tarde para saber como ia seu progresso. Concluí que estava indo bem, pois não consegui falar com Nate. Ele já tinha ido para casa.

Peter Bregman trabalha como consultor de estratégia para CEOs e suas equipes de liderança. Em 2011, publicou *18 Minutes: Find Your Focus, Master Distraction, and Get the Right Things Done*.

Capítulo 6
Diga sim a dizer não

Alexandra Samuel

Se a caixa de entrada do seu e-mail é parecida com a minha, ela é cheia de solicitações e convites que prometem novos projetos desafiadores, clientes e compromissos. É claro que você gosta do estímulo e da empolgação que eles causam, mas existe aí uma linha tênue. Você precisa ser seletivo quanto ao que aceita e disciplinado na hora de aposentar atividades antigas a fim de abrir espaço para as novas. Tem que ser capaz de dizer não – com frequência, educação e eficiência.

A boa notícia é que as mesmas tecnologias que imploram pelo seu sim também podem ajudá-lo a dizer não. Veja como fazer isso.

Determine suas intenções
Antes de dizer não, saiba com clareza para que você quer dizer sim. Existem sites, como o 43Things.com, que podem auxiliá-lo a criar listas do que deseja realizar e de experiências que deseja ter. Anotar seus objetivos o ajudará a esclarecer o que é importante,

---

Adaptado de conteúdo postado em hbr.org em 8 de janeiro de 2010.

identificar o que deseja eliminar e descobrir maneiras de obter apoio para isso.

Defina uma ordem de prioridade para seus compromissos
Uma simples planilha de Excel pode ajudá-lo a avaliar seus compromissos atuais antes de assumir outros. Liste todos os projetos nos quais esteja trabalhando – até aqueles em que apenas pensou a respeito – na coluna A, uma linha por tarefa. Use a coluna B para atribuir prioridade a cada projeto, classificando os itens de 1 a 5. Na coluna C, insira o nome de qualquer pessoa capaz de assumir determinado projeto ou ajudar de alguma forma. Por fim, organize os projetos de acordo com a prioridade definida na coluna B.

Para tarefas de alta prioridade que possam ser delegadas, mande um e-mail ou reúna-se com as pessoas para quem espera transferir os projetos.

Revise com seu chefe a lista de tarefas de alta prioridade que só você pode realizar. Suas atribuições estão alinhadas com seu gestor e com os objetivos do departamento? Se não estiverem, reavalie a situação para verificar se deve mudar as prioridades, delegar mais projetos ou adiar alguns.

Facilite o "não"
Quando minha caixa de entrada fica cheia, pode apostar que ela está repleta de e-mails que exigem um não que ainda não consegui dar. Para facilitar, criei algumas respostas-padrão automáticas, com recusas educadas para diferentes circunstâncias: *Eu adoraria participar, mas minha agenda está lotada no mês que vem;* ou *Obrigado por se lembrar de nós, mas no momento só estamos aceitando clientes do tipo XYZ;* ou *Parece um ótimo projeto, mas já defini o trabalho voluntário que farei neste trimestre.* Veja se o seu gerenciador de e-mails oferece essa opção. As

respostas prontas o liberam do fardo de reunir a energia para decepcionar alguém.

Torne o "não" sua resposta-padrão
Diga não à maioria dos convites e ofertas de projetos que você recebe, a menos que atendam a um conjunto específico de critérios. Por exemplo: "Procuro seminários que combinem desenvolvimento de negócios (obtenção de clientes), desenvolvimento profissional (melhoria de habilidades ou conhecimentos) e desenvolvimento pessoal (renovação ou crescimento pessoal), e só participo de eventos que ofereçam valores significativos em pelo menos duas dessas frentes." Anote os critérios em um post-it e cole-o no seu monitor – ou use um aplicativo de post-it.

Nenhuma dessas práticas eliminará sua ansiedade ao dizer não ou o medo de deixar passar uma oportunidade fantástica. Mas é justamente por causa da dificuldade em dizer não que precisamos de ferramentas e sistemas para tornar a tarefa um pouco mais fácil e habitual. Quanto mais você disser não, maior será sua capacidade de se concentrar no trabalho mais importante.

Alexandra Samuel é diretora do Social + Interactive Media Centre na Universidade Emily Carr e cofundadora da Social Signal, agência de mídia social sediada em Vancouver, no Canadá. Você pode seguir Alexandra no Twitter, em @awsamuel, ou acessar seu blog, alexandrasamuel.com.

Seção 3
Organize seu tempo

Capítulo 7
Um plano prático para quando você se sentir sobrecarregado

Peter Bregman

Às vezes ficamos tão sobrecarregados que achamos que não vamos conseguir fazer tudo – pelo menos não a tempo. Neste exato instante, por exemplo, estou assoberbado pela minha lista de tarefas.

Acabo de passar os últimos dois dias *tentando* trabalhar, mas sem conseguir de fato. Começo a fazer alguma coisa e sou distraído pela internet, por um telefonema ou por um e-mail. Agora que preciso alcançar o máximo de eficiência, eu me tornei menos produtivo do que nunca.

Deveria ser o contrário – quando temos muita coisa para fazer, nos tornamos muito produtivos. Às vezes isso até acontece, mas, com frequência, se muitas coisas disputam nossa atenção, não sabemos por onde começar, então simplesmente nem começamos.

Adaptado de conteúdo postado em hbr.org em 23 de setembro de 2010.

Na próxima vez que se encontrar nessa situação, experimente a seguinte abordagem:

1. **Anote tudo que precisa fazer em uma folha de papel.** Resista ao impulso de usar a tecnologia para essa tarefa. Por quê? Não tenho certeza, mas, de alguma forma, escrever no papel – e riscar os itens posteriormente – aumenta a motivação.

2. **Passe 15 minutos completando o máximo que conseguir das tarefas mais fáceis e rápidas.** Dê os telefonemas rápidos e envie os e-mails breves que precisar. Não se preocupe em ver se essas são as tarefas mais importantes da lista. Você está em movimento, e é isso que importa. O objetivo é riscar o máximo possível de tarefas no mínimo de tempo. Use um cronômetro para manter a concentração.

3. **Trabalhe nas tarefas mais complexas pelos 35 minutos seguintes.** Desligue o telefone, feche todas as janelas desnecessárias no computador e escolha a tarefa mais desafiadora, estressante ou crítica da lista. *Então trabalhe nela e somente nela* – sem hesitação ou distração – por 35 minutos.

4. **Faça uma pausa de 10 minutos, depois reinicie o ciclo.** Após 35 minutos trabalhando com concentração total, faça uma pausa. Depois, reinicie o processo de uma hora, começando pelos 15 minutos de ações rápidas.

Anne Lamott escreveu o seguinte em *Palavra por palavra*:

Há cerca de três décadas, meu irmão mais velho, na época com 10 anos, tentava fazer um trabalho sobre pássaros. Ele tivera três meses de prazo, mas deixara para a última hora, e o trabalho precisava ser entregue no dia seguinte. Ele estava quase chorando, sentado à mesa da cozinha, cercado por folhas, lápis e livros sobre pássaros, paralisado pela enormidade da tarefa à sua frente. Então meu pai se sentou ao lado dele, pôs o braço em volta de seu ombro e disse: "Um pássaro de cada vez, meu filho. Escreva sobre um pássaro de cada vez."

É isso. Uma tarefa de cada vez: comece pelas mais fáceis para ter a sensação de que está riscando itens da lista, depois enfrente um trabalho difícil para ganhar ímpeto e reduzir o estresse. Tudo cronometrado.

Trabalhar por um período limitado e específico é importante porque **a corrida contra o tempo mantém você concentrado**. Quando o estresse é generalizado e difuso, fica difícil administrá-lo. Um período de tempo curto aumenta a pressão, mas mantém seu esforço voltado para uma única tarefa. Isso eleva o estresse bom, motivador, e reduz o estresse ruim, desnorteador. Assim, a névoa causada pela sobrecarga de trabalho se dissipa e é possível seguir em frente.

Na prática, estou descobrindo que, apesar de me obrigar a trabalhar sem parar durante os 35 minutos, nem *sempre* paro ao fim desse período, pois estou no meio da tarefa e estimulado a continuar. Por outro lado, apesar de ser tentador, não excedo os 15 minutos de trabalho rápido e fácil. Quando o cronômetro para, passo imediatamente para a tarefa difícil.

Talvez esse método só tenha funcionado porque é novidade para mim e, assim como uma dieta nova, oferece uma estrutura para motivar meu esforço. Mas não importa, pois é uma ferramenta útil e continuarei a usá-la até não precisar mais dela ou até que deixe de funcionar.

É claro que ainda me estresso, mas me sinto muito menos sobrecarregado, porque risco tarefas da minha lista e concluo itens pequenos e grandes, um de cada vez.

Peter Bregman trabalha como consultor de estratégia para CEOs e suas equipes de liderança. Em 2011, publicou *18 Minutes: Find Your Focus, Master Distraction, and Get the Right Things Done.*

Capítulo 8
Pare de adiar – agora

Amy Gallo

Se você sair perguntando por aí, vai ver que ninguém é imune à procrastinação. Mas adiar tarefas cobra um preço alto da produtividade e da psique do indivíduo.

A seguir, listo cinco princípios a serem seguidos na próxima vez que você estiver lutando contra a procrastinação.

1. Descubra o que está detendo você

Quando estiver ignorando ou adiando uma tarefa, pergunte-se por que está fazendo isso. O psiquiatra Ned Hallowell diz que adiamos dois tipos de tarefas com mais frequência:

- **Algo que você não gosta de fazer.** Esse é o mais comum. Como diz Hallowell: "Você não adia o momento de degustar sua sobremesa favorita."

- **Algo que você não sabe fazer.** Quando você não tem o conhecimento necessário ou não sabe como iniciar um trabalho, fica mais propenso a evitá-lo.

Adaptado de conteúdo postado em hbr.org em 11 de outubro de 2011.

Após identificar por que está procrastinando, você poderá quebrar o ciclo e evitar crises futuras.

2. Estabeleça prazos

Uma das coisas mais fáceis de fazer é criar um cronograma com prazos claros para cada tarefa. "Assim que você receber o projeto, decomponha-o em segmentos administráveis", aconselha Teresa Amabile, coautora de *O princípio do progresso*. Depois, defina prazos para cada segmento. "Marque na agenda e trabalhe diariamente em um pequeno segmento de cada vez, até completar uma parte", explica ela. Essas "pequenas vitórias" tornam o trabalho mais administrável e dão a sensação de que você está progredindo. E realizá-las é muito mais fácil do que tentar concluir um projeto complexo de uma só vez.

Use uma dica visual que funcione para você: coloque lembretes na agenda, acrescente itens à lista de afazeres ou cole um post-it no seu monitor.

3. Aumente as recompensas

Muitas vezes enrolamos porque a recompensa por realizar uma tarefa está muito distante. Para fazê-la parecer mais urgente, concentre-se em recompensas de curto prazo. Se você deixa para fazer o imposto de renda no último dia, por exemplo, concentre-se em receber a restituição até uma data específica. E, se não houver recompensas óbvias, crie uma. Quando concluir uma tarefa, presenteie-se com um intervalo para o café ou uma conversa rápida com um colega. Para tornar a tarefa mais divertida e facilitar sua conclusão, incorpore a recompensa ao trabalho – por exemplo, se tiver que encarar um projeto especialmente difícil, procure formar uma parceria com um colega.

4. Envolva outras pessoas

Um dos princípios que Hallowell enfatiza é: "Nunca se preocupe sozinho." Se você não souber fazer algo, peça ajuda. Recorra a um colega de confiança ou um amigo. Pedir que outras pessoas revisem seu trabalho também pode estimulá-lo a começar, pois você sabe que elas estarão esperando que você envie o material.

5. Adquira o hábito

"As pessoas levantam as mãos e dizem: 'Eu vivo adiando as coisas', como se não tivessem controle sobre isso", diz Hallowell. "Mas você tem e ficará muito orgulhoso quando mudar a situação." Se começar a fazer as coisas imediatamente, receberá benefícios instantâneos, e esse é um hábito que pode cultivar. Teresa Amabile sugere que você mantenha um histórico do seu desenvolvimento. "Dedique apenas cinco minutos por dia a registrar seu progresso, qualquer obstáculo que tenha encontrado e ideias do que pode fazer na próxima vez para progredir ainda mais." A autora também recomenda que você faça isso em uma agenda. (Leia o Capítulo 20, Um diário de 10 minutos para permanecer nos trilhos.) Depois, comece a se enxergar como alguém que realiza tarefas – e leve isso em conta quando falar de si com os outros. "Sentir que está progredindo em projetos significativos faz toda a diferença", conclui ela.

Amy Gallo é editora colaboradora da *Harvard Business Review*. Siga-a no Twitter, @amyegallo.

Capítulo 9
Não deixe que projetos de longo prazo se transformem em pânico de última hora

Peter Bregman

Eu quero escrever um roteiro.

Na verdade, queria escrever um roteiro no ano passado, mas outros trabalhos levaram mais tempo do que eu esperava e fiquei adiando o item "Escrever roteiro" da minha lista de afazeres.

Sei que não estou sozinho na luta para avançar em projetos ou objetivos de longo prazo. Como se inicia um trabalho quando você supostamente tem "todo o tempo do mundo"?

Talvez você não tenha um prazo, como é o caso do meu roteiro. Ou talvez tenha um longo prazo, de meses – por exemplo, para preparar um discurso, desenvolver um plano de negócios ou formular um programa de treinamento. Pode ser que você tenda a procrastinar quando os projetos têm prazos generosos, até que "mês que vem" se torna "semana que vem", depois "amanhã" e de repente seu projeto de longo prazo se transforma em um pesadelo de curto prazo carregado de pânico.

Concluir com êxito algo grande e importante quase nunca é tão simples quanto executar pequenas tarefas. Muitas vezes não sabemos por onde começar e, mesmo quando sabemos, raramente temos todo o conhecimento e as habilidades necessários. Além disso, sempre precisamos parar para resolver urgências que nos fazem adiar os objetivos de longo prazo. (Para ter mais ideias sobre como superar a tentação de deixar trabalhos para depois, leia o capítulo anterior, Pare de adiar – agora.)

Todos conhecemos os conselhos básicos: divida o trabalho em partes menores e mais administráveis; concentre-se no próximo passo curto; defina prazos intermediários. São bons conselhos, mas, segundo minha experiência, não bastam.

O motivo pelo qual adiamos um projeto grande, de longo prazo, é que ele é tão importante que ficamos intimidados.

Nunca escrevi um roteiro. Não sei formatá-lo. Não sei estruturar a história. Nem sei que história quero contar. Tenho medo de fracassar, de perder muito tempo com o roteiro – deixando de fazer outras coisas mais imediatas – e de ele ficar horrível.

Meu roteiro é um trabalho com o qual me importo profundamente. Quase todos os projetos grandes se encaixam nessa categoria – até a análise da concorrência que seu chefe solicitou. Mesmo que você pense que não se importa com ele, um projeto grande é como um espelho: reflete sua inteligência, seu esforço e sua personalidade. Ele tem sua assinatura. Fracassar em um projeto de longo prazo não é apenas uma questão de trabalho – é uma questão de identidade.

Sendo assim, qual é o antídoto?

Reconheça o medo

Assim que você souber que fará aquele discurso ou desenvolverá aquele programa de treinamento, pare por um momento e sinta o medo que vem com a importância – e com os elementos desconhecidos – do projeto. Talvez você tenha medo de falar em público. Talvez receie que seu projeto de treinamento revele tudo aquilo que você *não* sabe. Talvez tema decepcionar outras pessoas.

Compartilhe o medo

Dizer aos outros que você se sente intimidado diante de uma tarefa dá a eles permissão para que sintam – e talvez expressem – o próprio medo. Algumas pessoas podem pensar que você é fraco, mas ainda não vi isso acontecer. Na verdade, elas costumam ser amáveis, dar apoio e demonstrar empatia.

Reúna as ferramentas necessárias

Reconhecer seu medo tem outro propósito fundamental: obter *informações*. Ao reconhecer que não possui tudo de que precisa para realizar o projeto, você está identificando qual deverá ser seu próximo passo curto e administrável: reunir ferramentas, informações, habilidades e apoios necessários.

Reduza suas expectativas

Você sente medo porque espera muito de si e teme ter um desempenho ruim. Quando você reconhece o medo, admite que talvez não possua tudo que é necessário para atender às expectativas. Essa atitude, por sua vez, reduz sua expectativa de que tudo saia perfeito logo de cara. E reduzir essa expectativa é o segredo para dar o primeiro passo.

Priorize o projeto

Mesmo que você não tenha escolhido realizar o projeto de longo prazo que foi parar nas suas mãos, comprometa-se com ele. Torne-o uma de suas cinco principais prioridades. Isso o forçará a identificar o que *não* é prioridade. Se você tiver muitos objetivos importantes, jamais trabalhará nos de longo prazo. Portanto, reduza a lista até ficar com apenas cinco.

Eu uso uma lista de tarefas de seis itens – os cinco primeiros campos representam minhas principais prioridades, e o sexto campo, intitulado "Os outros 5%", é para todo o resto. (Veja na página seguinte um exemplo de lista de tarefas de *18 minutos*.) O último campo não deve tomar mais de 5% do seu tempo. Um dos cinco campos sempre representa uma prioridade de longo prazo. Ter um projeto de longo prazo na lista de tarefas diária significa que todos os dias você progredirá rumo ao seu grande objetivo.

Divida o trabalho em partes menores e defina prazos

Agora você está pronto para o conselho-padrão. Divida o trabalho em partes administráveis e assegure-se de saber executar a primeira parte. Estabeleça um prazo intermediário que sirva de ponto de verificação de seu progresso. Se precisar da ajuda de outras pessoas, envolva-as logo. Por fim, decida quando e onde você vai realizar a primeira parte e marque um compromisso consigo mesmo na sua agenda.

Ao se sentar para fazer o trabalho, talvez você sinta a resistência – o medo – voltar, mas agora sabe que sentimento é esse. Reconheça-o e será mais fácil se concentrar no trabalho.

Exemplo de lista de tarefas diárias de *18 minutos*

Data: _____

Realizar ótimos trabalhos com clientes atuais	Desenvolver novas oportunidades de negócios
• Fazer reuniões de acompanhamento com os gerentes gerais da Anycorp e da Bigorg • Reunião com Mary semana que vem • Jason – documentos de fidelização • Comprar passagem para São Francisco • Enviar e-mail para Howie com a lista de clientes para quem ele deve telefonar • Falar com Luisa sobre o feedback 360 graus • Ideias para a equipe de liderança da General Corporation	• Abigail – trabalho de fusões e aquisições? • Contatar referências dadas por Tom • Falar com Fernanda sobre oportunidades imobiliárias • Almoçar com Joe
Falar e escrever sobre minhas ideias	**Expressar-me criativamente**
• Próximo artigo da *Harvard Business Review* • Reler o artigo para o *The Wall Street Journal* • Encontro com Loretta sobre palestra • Ideias para futuros guias de negócios • Montar slides para palestra	• Falar com Alice sobre roteiro
Cuidar de mim e da minha família	**Os outros 5%**
• Escrever no diário 30 minutos por dia • Ensinar Isabelle a digitar • Reservar voos para as Bahamas • Malhar 60 minutos por dia • Fazer reservas para o jantar com Eleanor	• Dr. Clancy – confirmar tomografia para quarta-feira • Telefonar para Tim • Almoço com Kathy para falar sobre busca de emprego • Andrew – cartão de crédito • Pesquisar novos tênis de corrida • Comprar roupa de banho • Pegar os números exatos com Kristin

© PeterBregman.com. Todos os direitos reservados. Publicado com permissão.

Peter Bregman trabalha como consultor de estratégia para CEOs e suas equipes de liderança. Em 2011, publicou *18 Minutes: Find Your Focus, Master Distraction, and Get the Right Things Done.*

Capítulo 10
Chega de multitarefa

Peter Bregman

No meio de uma teleconferência com o comitê da ONG da qual faço parte, decidi enviar um e-mail para um cliente.

Eu sei: fazer várias coisas ao mesmo tempo é perigoso. Mas eu não estava enviando mensagens de texto enquanto dirigia. Estava em segurança à minha mesa. O que poderia dar errado?

Bem, enviei a mensagem para o cliente. Em seguida, precisei reenviar, dessa vez com o anexo que eu tinha esquecido de incluir. Por fim, mandei um terceiro e-mail explicando por que o anexo enviado não era o que ele estava esperando. Quando voltei a me concentrar na teleconferência, percebi que não tinha escutado a pergunta que o presidente do conselho me fizera.

Juro que eu não estava sofrendo de privação de sono nem tinha bebido, mas poderia muito bem ser isso. Um estudo demonstrou que pessoas distraídas por e-mails e por telefonemas apresentaram uma queda de 10 pontos no QI. E qual é o impacto de 10 pontos? O mesmo que perder uma noite de sono. Mais do que o dobro do efeito de fumar maconha.

Adaptado de conteúdo postado em hbr.org em 20 de maio de 2009.

Fazer várias coisas ao mesmo tempo é uma mentira que contamos a nós mesmos, pensando que estamos realizando mais coisas. Na verdade, nesse caso a produtividade cai em até 40%. O fato é que não realizamos várias tarefas ao mesmo tempo. Nós alternamos as tarefas, mudando rapidamente de uma coisa para outra, nos interrompendo e perdendo tempo a cada mudança.

Você pode achar que é diferente, que já fez isso tantas vezes que agora domina a arte da multitarefa, mas as pesquisas mostram que pessoas que estão sempre no modo multitarefa são menos competentes em fazer várias coisas ao mesmo tempo do que as que só recorrem ao modo multitarefa de vez em quando. Diferentemente do que se imagina, quanto mais você atua em modo multitarefa, pior fica em fazer isso. A prática, nesse caso, funciona contra você.

Decidi realizar um experimento. Durante uma semana, não faria mais de uma coisa ao mesmo tempo e veria o resultado. Quais técnicas ajudariam? Será que eu conseguiria manter a concentração em uma única coisa de cada vez por tanto tempo?

No geral, tive sucesso. Quando estava ao telefone, não fazia nada além de participar da conversa. Em reuniões, fiquei totalmente concentrado na apresentação ou na discussão. E, quando estava trabalhando à mesa, evitava qualquer interrupção – e-mails, uma batida na porta – até terminar a tarefa.

Descobri seis coisas:

1. **Foi maravilhoso.** Quando eu desligava o celular, ficava muito mais envolvido e presente. Temos a impressão de que digitar uma mensagem sob a mesa leva apenas um segundo, mas o tempo de distração é maior. Primeiro você pensa na mensagem, depois digita, em seguida pensa no que a outra pessoa poderá responder, então fica conferindo para ver se já chegou uma resposta, etc. Quando vê, perdeu toda a reunião.

2. **Fiz progressos significativos em projetos desafiadores.** Atividades como escrever ou realizar trabalhos estratégicos exigem pensamento e persistência. Geralmente tento me distrair quando estou trabalhando em atividades desse tipo. Sem a multitarefa, porém, permaneci focado em cada projeto, mesmo quando ele ficava difícil, e obtive avanços significativos.
3. **Meu nível de estresse despencou.** O modo multitarefa não é apenas ineficiente, é estressante. Foi um alívio me concentrar em apenas uma coisa de cada vez e reconfortante terminar de fato uma tarefa antes de passar à seguinte.
4. **Não tive a menor paciência para desperdício de tempo.** Alcancei uma concentração profundamente aguçada em realizar minhas tarefas. Reuniões que duravam uma hora pareciam intermináveis. Conversas fiadas me deixavam aflito.
5. **Tive uma paciência enorme para coisas úteis e agradáveis.** Quando estava em reunião com um cliente, eu desligava o laptop, respirava fundo e ficava totalmente concentrado. Passei a ser capaz de captar nuances e emoções sutis nos meus interlocutores. Enquanto trocava ideias sobre um problema difícil, permanecia focado. Não havia mais nada disputando minha atenção, portanto eu podia me familiarizar com a única coisa que estava fazendo.
6. **Não houve desvantagem.** Não perdi nada ao evitar o modo multitarefa. Nenhum projeto ficou inacabado. Ninguém se frustrou por eu não atender um telefonema ou deixar de responder a um e-mail no instante em que o recebia.

Levando tudo isso em conta, como resistir à tentação de trabalhar em modo multitarefa?

Evite interrupções
Costumo escrever às 6 da manhã, quando não há nada para me distrair. Desligo o telefone e deixo o notebook off-line. No carro, mantenho o celular no porta-malas. Drástico? Talvez, mas a maioria das pessoas não deveria confiar em si.

Priorize
Digamos que você seja a única pessoa com as informações necessárias para sua equipe avançar em um projeto de curto prazo mas esteja em uma teleconferência importante. O que fazer? Decida qual é a tarefa mais importante, concentre-se nela e peça ao outro que espere. Tomar a decisão consciente de interromper uma tarefa para realizar outra é melhor do que tentar fazer as duas ao mesmo tempo.

Use sua perda de paciência em benefício próprio
Crie prazos absurdamente curtos. Reduza pela metade a duração de todas as reuniões. Dê a si mesmo um terço do tempo que acha necessário para cumprir uma tarefa.

Nada como um prazo para manter as coisas em movimento. E quando as coisas estão em movimento rápido, nos obrigamos a manter o foco nelas. Se você tiver apenas 30 minutos para terminar uma apresentação que em tese levaria uma hora, você atenderia o celular?

A multitarefa é tão estressante que, quando nos concentramos em uma única tarefa de cada vez para cumprir um prazo apertado, reduzimos o estresse. E quando nos concedemos menos tempo para fazer as coisas, nos tornamos ainda mais produtivos e, ao mesmo tempo, relaxados.

Peter Bregman trabalha como consultor de estratégia para CEOs e suas equipes de liderança. Em 2011, publicou *18 Minutes: Find Your Focus, Master Distraction, and Get the Right Things Done.*

Capítulo 11
Como permanecer focado no que importa

Gina Trapani

A maioria das pessoas trabalha reagindo a demandas urgentes ou se concentrando de forma proativa em tarefas críticas predeterminadas. A melhor maneira de ser produtivo é amenizar o que é urgente para trabalhar no que é importante.

Qual é a diferença entre urgente e importante? Tarefas "urgentes" incluem ações como:

- mandar e-mails desesperados que precisam de resposta "imediata";
- atender a solicitações de última hora que parecem que levarão apenas dois minutos, mas acabam demorando uma hora;
- apagar incêndios – sobretudo os dos outros;
- resolver a crise do dia em vez de analisar a questão e buscar uma solução para o problema crônico;

Adaptado de conteúdo postado em hbr.org em 18 de fevereiro de 2009.

- concluir antes trabalhos desimportantes porque são menos intimidadores do que suas prioridades.

Somos atraídos por essas tarefas que parecem "urgentes" porque elas nos mantêm ocupados e nos dão a impressão de que somos necessários e essenciais. Quando dizemos que um projeto é urgente, justificamos o tempo e a atenção que investimos nele.

Mas quando lidamos com um fluxo constante de tarefas "urgentes" terminamos o dia esgotados, nos perguntando onde foi parar todo o tempo que tínhamos, olhando para o trabalho importante que ainda nem começamos a fazer.

Por outro lado, os trabalhos importantes:

- aproximam você e seu negócio dos objetivos de longo prazo;

- podem ser trabalhos difíceis e aparentemente assustadores, pois você não se sente confiante para executá-los;

- talvez não proporcionem a descarga de adrenalina que existe nas solicitações "urgentes".

Se sua empresa estimula o trabalho frenético e constante, fica difícil distinguir o que realmente importa do que parece urgente. Mesmo assim, saber a diferença entre os casos e conhecer algumas técnicas pode ajudar. A seguir, três ações simples que oferecem grandes benefícios:

Escolha três tarefas importantes todo dia e conclua-as
Anote-as em um papel e deixe-o visível na mesa. Se, por exemplo, você se sentir tentado a responder a um e-mail que acabou de chegar, confira a lista e lembre-se de que a notificação provavelmente não tem relação com os trabalhos fundamentais do dia.

Quando tiver um tempo livre graças ao cancelamento de uma reunião, progrida nas tarefas importantes.

Saia do e-mail
Feche o e-mail, desligue as notificações do celular e faça o que for necessário para impedir as interrupções. Ao trabalhar em uma tarefa importante, mantenha o foco por pelo menos uma hora ininterrupta para completá-la. Caso se sinta tentado a entrar na internet, desconecte o computador.

Marque uma reunião semanal de 20 minutos consigo mesmo
Anote na agenda e não marque nada por cima – trate a reunião com o mesmo respeito que trataria uma reunião com seu chefe. Se o seu escritório não tiver porta ou caso você trabalhe em uma área aberta movimentada, reserve uma sala de reuniões. Vá para ela sozinho. Leve a lista de projetos, a lista de tarefas e a agenda e passe o tempo revisando o que você concluiu na semana anterior e o que quer fazer na semana seguinte. Esse é um ótimo momento para escolher suas três tarefas importantes do dia. David Allen, especialista em produtividade, chama esse momento de "revisão semanal"; essa é uma das maneiras mais eficazes de permanecer consciente de como está gastando o tempo.

Para mais ideias sobre como aumentar a produtividade do seu dia, leia os Capítulos 7, Um plano prático para quando você se sentir sobrecarregado, e 18, Enfrente seu dia com determinação em ciclos de 90 minutos.

Gina Trapani é editora fundadora do blog de produtividade pessoal Lifehacker.com.

Capítulo 12
Listas de tarefas que funcionam

Gina Trapani

A seguir, uma série de passos simples para quem deseja criar listas de tarefas que de fato funcionam:

1. **Divida a tarefa.** Divida a tarefa em pequenas partes. Depois, divida de novo. Não confunda simples afazeres com objetivos ou projetos. Um afazer é uma ação única e específica que conduzirá um projeto rumo à conclusão. É apenas um passo. Por exemplo: "Planejar o almoço do comitê" é um projeto. "Enviar um e-mail para Karen pedindo o contato do bufê" é um afazer.
   Dividir a tarefa nas menores ações possíveis obriga você a refletir sobre como executará cada passo. Com isso, fica fácil enviar rapidamente aquele e-mail, dar aquele telefonema, arquivar aquele relatório e seguir em frente com seu trabalho, com muito menos resistência.

Adaptado de conteúdo postado em hbr.org em 13 de janeiro de 2009.

2. Use verbos de ação específicos e inclua detalhes. Você já deveria ter marcado uma conversa com sua gestora, mas o afazer "Almoço com Judy" simplesmente não foi concluído. Quando anotar a tarefa, use um verbo de ação ("telefonar", "enviar um e-mail") e inclua detalhes que tenha que conferir no futuro. "Telefonar para Judy no número 555-4567 e marcar almoço em 17, 18 ou 19 de janeiro" é um afazer específico e detalhado.

Torne seus afazeres pequenos e específicos. Isso o ajudará a se preparar para aquele momento glorioso de riscá-los de sua lista.

A seguir, dicas coletadas na comunidade hbr.org para quem deseja criar listas de afazeres eficazes:

- Organize seus trabalhos de uma maneira que faça sentido para você (por exemplo, "escritório", "home office" e "freelance"); por área de responsabilidade (conta Smith/conta Culver/equipe de web); por nível de dificuldade (agrupe todos os seus afazeres "fáceis" que podem ser resolvidos em cinco minutos e livre-se deles quando tiver tempo). Organize as tarefas em uma tabela e atribua uma coluna a cada grupo.

- Use um caderninho para manter a lista curta ou uma folha de papel pequena ou de tamanho A4 dobrada para encontrar facilmente o papel no meio dos outros que carrega na mochila, carteira ou bolsa.

- Faça uma lista de duas formas distintas. Na verdade, são duas listas com os mesmos afazeres: uma organizada por conteúdo, outra por dias da semana. Bônus: você vai ter o prazer de riscar a mesma tarefa DUAS vezes.

- Escolha um meio que funcione para você: um caderninho que adore; um aplicativo que sincronize computador e celular; a função de lembretes de voz no seu celular.

- Faça anotações na margem da folha ou ao lado de um item para marcar quando ele deve ser executado (por exemplo: segunda-feira ou 16/2).

- Destaque os itens prioritários com uma caneta marca-texto ou cole na lista um post-it com as três coisas mais importantes a serem feitas no dia.

- Inclua recompensas na lista. Por exemplo, para cada três itens de trabalho riscados, permita-se realizar uma tarefa de casa ou pessoal; ou, para cada tarefa difícil de trabalho, recompense a si mesmo com três tarefas de trabalho fáceis ou divertidas.

- Refaça a lista a cada dois dias, em média, para rever suas prioridades.

- Quando uma tarefa for concluída, você poderá ticá-la ou riscá-la – o que lhe proporcionar mais satisfação.

Gina Trapani é editora fundadora do blog de produtividade pessoal Lifehacker.com.

Capítulo 13
Como encarar sua lista de tarefas

Peter Bregman

Para muitos, a lista de tarefas se tornou mais uma lista de culpas: um inventário de tudo que queremos e devemos fazer mas que nunca conseguimos. E quanto mais longa for a lista, menos provável será que façamos tudo e mais estressados ficaremos.

Sendo assim, como transformar *intenção* em *ação*?

Tudo está no poder de quando e onde.

Decida quando e onde você fará algo, e a probabilidade de cumprir o planejado aumentará de forma drástica. Sempre deixamos tarefas inacabadas na lista porque ela é a ferramenta errada para motivar nossas realizações.

A lista é útil para garantir que saibamos tudo que precisa ser feito. A agenda, por outro lado, é a ferramenta perfeita para orientar nossas realizações diárias. A agenda é finita; há um limite de horas disponíveis. Isso fica claro no instante em que tentamos espremer um número irrealista de afazeres no mesmo dia.

Adaptado de conteúdo postado em hbr.org em 2 de março de 2011.

Após montar sua lista, abra a agenda e decida quando e onde você executará cada item. Agende cada tarefa para um horário específico, colocando os itens mais importantes e desafiadores no começo do dia – antes mesmo de conferir o e-mail.

Como a lista de tarefas não caberá na agenda, ordene-as por prioridade. O que você realmente precisa fazer hoje? Quais itens importantes você tem ignorado? Onde você pode encaixá-los na agenda? Quando agendar um item, risque-o da lista.

Transferir itens da lista de tarefas para a agenda ajuda você a tomar decisões estratégicas sobre onde empregar seu tempo, mas também lhe fornece uma longa lista de itens que não couberam na agenda do dia.

O que fazer com eles?

Para evitar que esses itens me assombrassem pelo resto da vida, criei uma regra de três dias: depois de preencher minha agenda, reviso o que continua na lista. Acrescento itens que surgiram no dia ou nos dois dias anteriores e vejo se entrarão na minha programação do dia seguinte.

Mas, para todo o resto – qualquer coisa que esteja na minha agenda há três dias ou mais –, uso uma das quatro estratégias a seguir:

1. **Resolvo imediatamente.** Muitas vezes me impressiono com a quantidade de tarefas que estão na lista há dias e que, quando decido fazê-las, são resolvidas rapidamente. Em geral, acabam sendo mensagens de voz de 30 segundos ou e-mails de dois minutos.

2. **Agendo.** Quando não resolvo um item imediatamente, procuro um horário para encaixá-lo, mesmo que seja daqui a seis meses. Se é uma tarefa importante o suficiente para constar na lista, então preciso me comprometer a

realizá-la em um dia e um horário específicos. Posso até alterar meus planos ao revisar a agenda daquele dia, mas, se eu quiser fazer a tarefa, preciso agendá-la.

3. **Abandono.** Se não estou disposto a fazer algo imediatamente ou a agendar a tarefa para um dia e um horário específicos, é porque jamais a cumprirei. Nessa hora, encaro a realidade: apesar de querer que o tal item seja prioridade, a verdade é que no momento não é.

4. **Crio uma lista de um dia/talvez.** Às vezes, é muito difícil apagar um item. Não quero admitir que não o farei e gostaria de me lembrar de que, um dia, talvez essa seja uma boa ideia. Portanto, coloco esses itens na lista de um dia/talvez, sobre a qual aprendi com David Allen, autor de *A arte de fazer acontecer*. É nessa lista que coloco itens para que morram lentamente. Quase nunca faço as coisas dessa lista. Olho para ela de vez em quando, me livro do que não é mais relevante e depois esqueço a lista por um mês. Talvez eu pudesse apagar essa lista inteira de uma vez, mas durmo um pouco melhor sabendo que posso colocar coisas nela quando não tenho coragem ou isenção suficientes para eliminá-las. E quem sabe? Um dia, talvez eu faça algo da lista.

Peter Bregman trabalha como consultor de estratégia para CEOs e suas equipes de liderança. Em 2011, publicou *18 Minutes: Find Your Focus, Master Distraction, and Get the Right Things Done*.

Capítulo 14
Recompense a si mesmo por realizar tarefas chatas

Alexandra Samuel

Para alguns, riscar um item da lista de afazeres proporciona uma onda de endorfina que torna a conclusão de tarefas um prazer. Mas a maioria das pessoas precisa de um pouco de motivação extra, sobretudo para realizar trabalhos entediantes (como registrar o número de horas trabalhadas quando for cobrar por um trabalho), tarefas desconfortáveis (ter conversas constrangedoras com clientes insatisfeitos) ou grandes projetos (escrever um estudo de caso complexo). Estabelecer um sistema de recompensas estimulante pode ajudar você a encarar seus afazeres com determinação.

Eis alguns tipos de recompensas a considerar:

Regenerativas

Recompense a si mesmo recarregando corpo e mente e, com isso, terá mais energia para lidar com a próxima tarefa ou projeto.

Use essas breves recompensas no meio da manhã, no meio da tarde ou na metade do projeto para ajudar a manter o ímpeto. Exemplos:

- Meditar por 20 minutos em um lugar isolado.

- Usar a hora do almoço para se dar de presente uma aula de ioga, uma corrida ou uma caminhada.

- Fazer de cinco a 10 minutos de alongamento no próprio escritório, orientado por um vídeo no celular.

- Conversar com um amigo por cinco ou 10 minutos.

- Dar de presente a si mesmo uma segunda xícara de café ou um lanchinho depois de uma hora de trabalho concentrado.

Produtivas

Muitas vezes, a tarefa é recompensadora por si só: reunir-se com colegas que você respeita e admira ou elaborar uma apresentação de PowerPoint sobre um tema que você adora. Use esses aspectos do trabalho para completar algo difícil ou entediante. Exemplos:

- Ler um livro ou artigo popular sobre negócios.

- Fazer uma reunião de trabalho em um bom restaurante.

- Instalar ou configurar um software que você esteja ansioso para usar.

- Ler e/ou postar nas redes sociais um artigo do qual seus colegas ou clientes possam gostar.

- Arrumar sua mesa.

Simultâneas

Algumas tarefas são tão detestáveis ou entediantes que nem a perspectiva de uma grande recompensa ajuda a encará-las. Tarefas assim exigem uma recompensa simultânea: algo que você faça *enquanto* trabalha, por exemplo, na organização da sua caixa de e-mails ou na conclusão daquele relatório trimestral.

Esse tipo de recompensa funciona especialmente bem para trabalhos que consomem muito tempo mas não exigem muito foco. Nas condições certas, você pode até transformar tarefas difíceis que exigem concentração em algo agradável. Exemplos:

- Acomodar-se em um restaurante com wi-fi para comer enquanto trabalha.
- Marcar um encontro de trabalho com um amigo para conversar enquanto organiza a caixa de e-mails.
- Acumular tarefas que não exigem reflexão e deixar para realizá-las enquanto assiste ao seu programa de TV favorito em casa.
- Ouvir músicas novas enquanto organiza seus arquivos.
- Tomar providências para trabalhar de casa por um dia.

Cumulativas

Toda vez que você concluir uma tarefa especialmente desafiadora, recompense a si mesmo com um valor em dinheiro. Defina diferentes valores de acordo com o tamanho da tarefa e com quão desagradável ela é. Use um cofrinho real ou virtual para ir juntando seus bônus e use em coisas como:

- Uma recarga no cartão da sua cafeteria ou loja favorita.

- Uma compra on-line.

- Um ingresso para o cinema, um show ou um evento esportivo.

- Um dia no spa.

O sistema de recompensas estará funcionando quando sua lista de afazeres não tiver mais aquelas tarefas que você tem evitado há semanas ou quando perceber que está correndo para finalizar aquele trabalho chato só para comer um brownie delicioso, ir a um show fantástico ou assistir aos episódios atrasados da sua série favorita.

Alexandra Samuel é diretora do Social + Interactive Media Center na Universidade Emily Carr e cofundadora da Social Signal, agência de mídia social sediada em Vancouver, no Canadá. Você pode seguir Alexandra no Twitter, em @awsamuel, ou acessar seu blog, alexandrasamuel.com.

Seção 4
Delegue com eficiência

Capítulo 15
Gestão de tempo

Quem vai descascar o abacaxi?

Resumo do artigo publicado na HBR escrito por William Oncken Jr. e Donald L. Wass, *destacando as principais ideias, com comentários de* Stephen R. Covey.

A IDEIA RESUMIDA

Você está atravessando o corredor, apressado. Um funcionário chega para você e diz: "Temos um problema." Você presume que deva se envolver, mas não pode tomar uma decisão imediatamente e responde: "Vou pensar a respeito disso."

Você acaba de receber um abacaxi do seu subordinado. Agora está trabalhando para a pessoa que trabalha para você. Se aceitar muitos abacaxis, não terá tempo para se concentrar nas suas prioridades.

Como evitar o acúmulo de abacaxis? Desenvolvendo a iniciativa de seus funcionários. Por exemplo, quando alguém da sua equipe tentar lhe passar um problema, esclareça se ele deve: recomendar e implementar uma solução; agir e depois informá-lo imediatamente; ou agir e relatar os resultados em um acompanhamento regular.

Quando você estimula seus funcionários a lidar com os problemas, eles adquirem novas habilidades e você ganha tempo para fazer o seu trabalho.

A IDEIA NA PRÁTICA

Como devolver o abacaxi ao dono? Experimente as seguintes táticas:

Marque reuniões para resolver os problemas

Evite discutir as questões na pressa – por exemplo, ao passar por um funcionário no corredor. Você não transmitirá a seriedade adequada. Em vez disso, faça seu subordinado marcar uma reunião para discutir o problema.

Especifique o nível de iniciativa

Seus funcionários podem exercitar cinco níveis de iniciativa ao lidar com problemas no trabalho. Do mais baixo para o mais alto, são:

1. Aguardar até que você diga a eles o que fazer.

2. Perguntar a você o que fazer.

3. Recomendar uma ação e depois, com sua aprovação, implementá-la.

4. Agir de forma independente, mas informá-lo de imediato.

5. Agir de forma independente e atualizá-lo em um momento combinado – por exemplo, em sua reunião semanal.

Quando um funcionário levar um problema para você, proíba o uso dos níveis 1 ou 2. Aceite e designe os níveis 3, 4 ou 5. Não passe mais de 15 minutos discutindo o problema.

Combine uma atualização da situação

Depois de decidir como proceder, combine um local e um horário em que o colaborador lhe fornecerá um relatório de progresso.

Desenvolva as habilidades dos funcionários

Os funcionários tentam passar abacaxis adiante quando não têm vontade ou habilidade de lidar com eles. Ajude-os a desenvolver a capacidade de solucionar problemas. De início, você acaba perdendo tempo ao pôr a mão na massa – mas o economiza a longo prazo.

Cultive a confiança

Desenvolver a iniciativa dos colaboradores exige uma relação de confiança. Se eles temerem fracassar, continuarão passando os abacaxis para você em vez de trabalhar para solucionar os próprios problemas. Para promover a confiança, garanta a eles que é seguro cometer erros.

Por que é normal ver o gestor sem tempo enquanto os subordinados estão sem trabalho? Vamos explorar o significado de gestão de tempo e a relação desse conceito com a interação dos gestores com os chefes, pares e subordinados. Mais especificamente, vamos lidar com três tipos:

> **Tempo imposto pelo chefe.** Usado para realizar as atividades que o chefe exige e que o gestor não pode desconsiderar, sob pena de receber uma penalidade direta e rápida.
>
> **Tempo imposto pelo sistema.** Usado para acomodar solicitações de colegas por apoio ativo. Negligenciar essas solicitações também resulta em penalidades, apesar de serem menos diretas ou rápidas.
>
> **Tempo autoimposto.** Usado para fazer as coisas que o próprio gestor escolheu ou concorda em fazer. Parte desse tempo, porém, será tomada pelos subordinados e é chamada de tempo imposto pelos subordinados. A outra será o tempo do próprio gestor e é denominada tempo discricionário. O tempo autoimposto não está sujeito a penalidades, já que nem o chefe nem o sistema podem disciplinar o gestor por não fazer o que não sabiam que ele pretendia fazer.

Para acomodar essas demandas, o gestor precisa controlar o uso do tempo e o tipo de atividade que realiza. Como o descumprimento das imposições do chefe e do sistema geram penalidades, ele não pode alterar essas solicitações. Com isso, o tempo autoimposto passa a ser sua principal preocupação.

O gestor precisa aumentar o componente discricionário de seu tempo autoimposto ao minimizar, ou mesmo eliminar, o componente imposto pelos subordinados. Com isso, utilizará o incremento adicional para controlar a execução das atividades impostas pelo chefe e pelo sistema. A maioria dos gestores passa muito mais tempo do que imagina lidando com problemas dos subordinados. A seguir, vamos examinar como o tempo imposto pelos subordinados surge e o que o superior pode fazer a respeito disso.

Com quem está o abacaxi?

O gestor está passando pelo corredor e cruza com seu subordinado Jones. Quando se encontram, Jones o cumprimenta: "Bom dia. Ah, temos um problema. Veja só..." À medida que Jones prossegue, o gestor reconhece no problema duas características comuns a todos os problemas que seus subordinados levam à sua atenção. São eles: o gestor sabe (a) o bastante para se envolver na questão, mas (b) não o bastante para tomar a decisão imediata que se espera dele. Por fim, diz: "Que bom que você trouxe isso à minha atenção, mas agora estou com pressa. Vou pensar no assunto e mais tarde lhe passo uma posição." Então ele e Jones se afastam.

Vamos analisar o que acabou de acontecer. Antes dessa conversa, com quem estava o abacaxi? Com o subordinado. Depois da conversa, ficou com o gestor. O tempo imposto pelos subordinados começa no instante em que o abacaxi sai da mão do subordinado e vai para o superior e só termina quando o abacaxi é devolvido ao dono original. Ao aceitá-lo, o gestor assumiu voluntariamente uma posição subordinada ao seu subordinado. Ou seja, permitiu que Jones o tornasse seu subordinado, pois fez duas coisas que se espera que um subordinado faça para o chefe – aceitou uma responsabilidade e prometeu um relatório de progresso.

Para garantir que o gestor não compreendeu o problema de forma errada, mais tarde o subordinado vai aparecer na sala dele e perguntar, animado: "Como está indo?" (Isto se chama supervisão.)

Ou vamos imaginar que, ao fim de uma reunião com Johnson, outro subordinado, as últimas palavras do gestor sejam: "Ótimo. Me envie um relatório sobre isso por e-mail."

Agora o abacaxi está com Johnson, mas prestes a mudar de mãos novamente. Johnson envia o e-mail redigido com todo o cuidado. Pouco depois, o gestor recebe e lê o relatório. A quem cabe o movimento agora? Ao gestor. Se não fizer o movimento logo, receberá um memorando de acompanhamento do subordinado (outra forma de supervisão). Quanto mais o gestor demorar, mais frustrado o subordinado ficará (pois não estará progredindo) e mais culpado ele próprio se sentirá (o tempo imposto pelos funcionários se acumulará).

Em uma reunião com outra subordinada, Sarah, o gestor pede que ela desenvolva uma proposta de relações públicas, mas concorda em fornecer todo o suporte necessário. As últimas palavras dele são: "É só me dizer como eu posso ajudar."

Mais uma vez, de início o abacaxi está com a subordinada, mas por quanto tempo? Sarah percebe que não pode pedir ajuda ao gestor até que a proposta tenha a aprovação dele. E, por experiência própria, também sabe que sua proposta provavelmente ficará parada na mesa dele por semanas até ser examinada. Então, na verdade, quem está com o abacaxi? Quem vai procurar quem? Mais estagnação e atrasos.

Um quarto subordinado, Reed, acaba de ser transferido de setor para poder lançar e administrar um empreendimento recém-criado. O gestor disse que eles deveriam se reunir em breve para determinar uma série de objetivos para o novo trabalho, acrescentando: "Vou elaborar um rascunho inicial para discutirmos."

Reflita. O subordinado tem um novo cargo (por atribuição formal) e total responsabilidade (por delegação formal), mas é o gestor quem precisa dar o próximo passo. Até que isso aconteça, o abacaxi estará com ele, e o subordinado não terá o que fazer.

ARRANJE TEMPO PARA PROBLEMAS DE VERDADE

Stephen R. Covey

Quando William Oncken escreveu este artigo em 1974, os gestores se encontravam em um terrível dilema. Estavam desesperados atrás de uma forma de arranjar tempo, mas na época o normal era o chefe ter comando e controle absolutos. Os gestores sentiam que não podiam dar aos subordinados poder de decisão. Era perigoso demais, arriscado demais. É por isso que a mensagem de Oncken – devolver o abacaxi ao dono – envolveu uma mudança de paradigma crucial. Até hoje muitos gestores têm uma dívida de gratidão com ele.

Dizer que muito mudou desde a recomendação radical de Oncken é um eufemismo. Hoje a filosofia de gestão que prega o comando e o controle está praticamente morta, e "empoderamento" é a palavra em voga na maioria das organizações que tentam prosperar em mercados globais e competitivos. Apesar disso, a prática antiga teima em permanecer comum. Na última década, pensadores e executivos da gestão descobriram que os chefes não podem simplesmente devolver o abacaxi ao subordinado e depois seguir alegremente com suas tarefas. Dar poder aos subordinados é um trabalho difícil e complicado.

O motivo: quando você devolve problemas aos subordinados, precisa ter certeza de que eles têm tanto o desejo quanto a capacidade de resolvê-los. E, como todo executivo sabe, nem sempre é o caso. Entra em cena todo um conjunto de questões novas. Para dar poder aos subordinados, muitas vezes você precisa desenvolver pessoas, o que, de início, consome muito mais tempo do que resolver o problema você mesmo.

(continua)

(continuação)

Também vale lembrar que a tática do empoderamento só prospera quando toda a organização abraça a ideia – quando ela é apoiada pelos sistemas formais e pela cultura informal. Os gestores precisam ser recompensados por delegar decisões e desenvolver pessoas. Do contrário, o grau de empoderamento vai variar de acordo com as crenças e práticas de cada gestor.

Mas a lição mais importante sobre empoderamento é que delegar com eficiência – da maneira defendida por Oncken – depende de uma relação de confiança entre gestor e subordinado. A mensagem de Oncken pode ter sido vanguardista, mas sua sugestão ainda era uma solução bastante ditatorial. Basicamente, ele disse aos chefes: "Devolvam o problema!" Hoje sabemos que essa abordagem é, por si só, autoritária demais. Para delegar com eficiência, os executivos precisam estabelecer um diálogo contínuo com os subordinados, uma parceria. Afinal, se os subordinados temem fracassar diante do chefe, continuarão pedindo ajuda em vez de tomar a iniciativa.

O artigo de Oncken também não aborda um aspecto da delegação de tarefas que me interessou muito no decorrer das duas últimas décadas: muitos gestores *adoram* pegar os abacaxis dos subordinados. Quase todos com quem converso concordam que seu pessoal é subutilizado nos cargos atuais, mas mesmo alguns dos executivos mais bem-sucedidos e aparentemente autoconfiantes afirmaram que é difícil entregar o controle a eles.

Passei a atribuir essa avidez por controle a uma crença comum e arraigada de que as recompensas são escassas e frágeis. Quer tenham aprendido isso na convivência familiar, na escola ou na prática esportiva, muitas pessoas estabelecem sua identidade

(continua)

(continuação)

comparando-se. Quando veem que os outros estão obtendo poder, informação, dinheiro ou reconhecimento, por exemplo, vivenciam o que o psicólogo Abraham Maslow denominou "uma sensação de deficiência", de que algo está sendo tirado delas. Isso dificulta que alcancem uma felicidade verdadeira em relação ao sucesso dos outros – até de seus entes queridos. Oncken sugere que os gestores podem devolver ou recusar o abacaxi sem problemas, mas muitos temem inconscientemente que um subordinando tomando a iniciativa os fará parecer um pouco mais fracos e vulneráveis.

Com isso em mente, como os gestores desenvolvem a segurança interior, a mentalidade de "abundância" que os capacita a abrir mão do controle e buscar o crescimento e o desenvolvimento daqueles ao seu redor? O trabalho que realizei com diversas organizações sugere que gestores que vivem com integridade, de acordo com um sistema de valores baseado em princípios sólidos, são mais propensos a manter um estilo empoderador de liderança.

Considerando a época em que Oncken escreveu este texto, não é de surpreender que sua mensagem tenha repercutido entre os gestores. Mas ela foi reforçada pelo talento natural de Oncken para contar histórias. Eu o conheci no circuito de palestrantes na década de 1970 e sempre me impressionei com sua forma de dramatizar ideias. Assim como as tirinhas do Dilbert, Oncken tinha um estilo irônico que atingia o âmago das frustrações dos gestores e fazia com que desejassem retomar o controle de seu tempo.

Não me surpreende que o artigo dele seja um dos dois mais bem-sucedidos da história da *HBR*. Mesmo com tudo que sabemos sobre autonomia no trabalho, sua mensagem eloquente é mais importante e relevante hoje do que há 25 anos. Na

(continua)

> (*continuação*)
> verdade, o insight de Oncken é uma das bases do meu trabalho sobre gestão de tempo, no qual faço as pessoas categorizarem suas atividades de acordo com a urgência e a importância.
>
> Diversos executivos já me disseram que gastam pelo menos metade do tempo em assuntos urgentes mas não importantes. Estão presos em um ciclo interminável no qual precisam resolver o abacaxi dos outros, porém relutam em estimular essas pessoas a tomar a iniciativa. Como resultado, muitas vezes estão ocupados demais para usar o tempo que possuem para trabalhar nos verdadeiros problemas que assolam a empresa. O artigo de Oncken ainda é um poderoso alerta para gestores que precisam delegar com eficiência.
>
> **Stephen R. Covey** foi um dos fundadores da FranklinCovey Company, fornecedora global de desenvolvimento de liderança e de serviços e produtos voltados para a produtividade. É autor de *Os sete hábitos das pessoas altamente eficazes* (Best Seller) e de *Primeiro o mais importante* (Editora Sextante).

Por que tudo isso acontece? Porque, em cada situação, o gestor e o subordinado presumem desde o incío, de forma consciente ou não, que o assunto em pauta é um problema compartilhado. O abacaxi nasce na mão dos dois. Mas basta algo dar errado e pronto: o subordinado desaparece.

Assim, o gestor passa a ter mais um abacaxi. Claro que abacaxis podem ser devolvidos, mas é mais fácil evitar que saiam das mãos dos donos.

Quem está trabalhando para quem?

Vamos supor que os mesmos quatro subordinados (Jones, Johnson, Sarah e Reed) sejam tão atenciosos e tenham tanta consideração pelo tempo de seu superior que se esforcem para não dar mais de três abacaxis ao chefe no mesmo dia. Em uma semana de cinco dias, o gestor pode receber até 60 abacaxis – um número alto demais para que ele consiga fazer algo a respeito de cada um. Assim, ele passa o tempo imposto pelos subordinados fazendo malabarismos com suas "prioridades".

No fim da tarde de sexta, o gestor está em sua sala com a porta fechada para ter privacidade, refletindo sobre a situação, enquanto os subordinados estão do lado de fora aguardando a última chance antes do fim de semana para lembrar que ele precisará dar um jeito nas pendências. Imagine o que estão dizendo uns para os outros enquanto esperam: "Mas que atraso. Ele simplesmente não se decide. Não sei como uma pessoa tão indecisa conseguiu um cargo tão elevado."

O pior é que o gestor não consegue dar seguimento a nenhum dos abacaxis porque seu tempo já foi quase todo consumido pelas exigências do próprio chefe e do sistema. Para controlar essas tarefas, ele precisa do tempo discricionário que lhe é negado por estar sempre resolvendo os abacaxis dos subordinados. O gestor está preso num círculo vicioso, e o tempo está passando. Ele telefona para a secretária e a instrui a dizer aos subordinados que só poderá falar com eles na segunda de manhã. À noite, volta para casa decidido a ir ao escritório no fim de semana e terminar as tarefas. Quando chega ao escritório na manhã seguinte, olha para o terreno do outro lado da rua e vê um campo de golfe. No gramado, quatro pessoas. Adivinhe quem são.

Chega! Agora ele sabe quem está trabalhando para quem. Percebe que, se fizer tudo que pretendia, o moral dos subordinados subirá tanto que os quatro passarão a deixar mais abacaxis na mesa dele. Agora o gestor vê claramente que, quanto mais se comprometer com o trabalho dos outros, mais ficará atrasado com as próprias tarefas.

Ele deixa o escritório planejando algo que há anos não tem tempo de fazer: passar um fim de semana com a família – também uma forma de tempo discricionário.

No domingo à noite ele vai dormir e desfruta 10 horas de um sono tranquilo, pois traçou um plano muito claro para segunda-feira: se livrar do tempo imposto pelos subordinados e trocá-lo por tempo discricionário, parte do qual gastará com os subordinados para garantir que aprendam a difícil mas recompensadora arte gerencial chamada "A habilidade de descascar abacaxis".

O gestor também terá tempo discricionário de sobra para controlar o uso não apenas do tempo imposto pelo chefe, mas também do tempo imposto pelo sistema. Pode levar meses para conseguir isso, mas, comparando a projeção à sua situação no momento, as recompensas serão enormes. Seu objetivo final é gerir o próprio tempo.

Livre-se dos abacaxis

O gestor chega ao escritório na segunda de manhã e, quando se aproxima de sua sala, encontra os quatro subordinados esperando para falar sobre os abacaxis. Decide fazer reuniões individuais. O objetivo de cada conversa é colocar o abacaxi na mesa e resolverem, juntos, o que o subordinado pode fazer para dar seguimento à tarefa. Algumas dessas conversas serão trabalhosas. Talvez a próxima ação sugerida pelo subordinado seja tão despropositada que o gestor decida – apenas por ora – simplesmente deixar o subordinado passar o dia de trabalho com o abacaxi, dormir pensando nele e fazê-lo voltar na manhã seguinte para prosseguir com a busca conjunta.

Cada vez que um subordinado se retira, o gestor é recompensado pela visão de um abacaxi deixando a sala nas mãos desse funcionário. Durante as próximas 24 horas, o subordinado não estará esperando pelo gestor, mas o contrário.

Depois, como que para lembrar a si mesmo que nada o impede de se envolver em um exercício construtivo no meio-tempo, o gestor passa pela sala do subordinado e pergunta, animado: "Como está indo no trabalho?" (Esse tempo é discricionário para o gestor e imposto pelo chefe para o subordinado.)

Quando o subordinado e o gestor se reúnem na hora marcada no dia seguinte, o gestor explica as regras básicas:

Em nenhum momento, enquanto eu estiver ajudando você com este ou qualquer outro problema, seu problema se tornará meu problema. No instante em que seu problema se torna meu, você não tem mais um problema. Não posso ajudar uma pessoa que não tem problema.

Quando esta reunião acabar, o problema deixará esta sala exatamente da maneira que entrou – com você. Você pode pedir minha ajuda em qualquer horário agendado e vamos decidir juntos qual será o próximo movimento e qual de nós o fará.

Nas raras ocasiões em que o movimento seguinte for meu, você e eu o determinaremos juntos. Não farei qualquer movimento sozinho.

O gestor segue essa linha de pensamento com os quatro subordinados e no fim percebe que não precisa mais fechar a porta. Os abacaxis sumiram. Eles voltarão – mas com hora marcada. Sua agenda garantirá isso.

Transfira a iniciativa

Com a analogia do abacaxi queremos mostrar que o gestor *pode* devolver definitivamente a iniciativa aos subordinados. Tentamos destacar uma verdade tão óbvia quanto sutil – a de que, antes de desenvolver a iniciativa nos subordinados, o gestor precisa garantir que eles *tenham* a iniciativa. O problema é que, quando o gestor toma a iniciativa, dá adeus ao tempo discricionário. Tudo se transforma em tempo imposto pelo subordinado.

O gestor e o subordinado também não podem ter a mesma inciativa ao mesmo tempo. A frase "Chefe, temos um problema" sugere essa dualidade e representa, como já foi destacado, um abacaxi sendo segurado pelos dois, o que é uma péssima forma de começar a descascá-lo. Portanto, vamos examinar o que chamamos de "Anatomia da iniciativa gerencial".

Existem cinco graus de iniciativa que o gestor pode exercitar em relação a seu chefe e ao sistema:

1. Aguardar receber a ordem (o menor nível de iniciativa).

2. Perguntar o que fazer.

3. Fazer uma recomendação, depois tomar as providências.

4. Tomar as providências, mas informar imediatamente.

5. Atuar por conta própria, depois relatar o progresso regularmente (o maior nível de iniciativa).

Claro que o gestor deve ser profissional o bastante para não escolher as iniciativas 1 e 2 tanto em relação ao chefe quanto ao sistema. Um gestor que toma a iniciativa 1 não tem controle sobre a utilização ou o conteúdo do tempo imposto pelo

O CHECKLIST DE DELEGAÇÃO DE TAREFAS

Peter Bregman

Quando se trata de delegar com eficiência, a comunicação é essencial. A maioria das pessoas acha que se comunica bem, e é por isso que, muitas vezes, deixa de transmitir informações importantes. Às vezes, elas presumem que estão delegando uma tarefa a um subordinado que conhece tão bem o terreno quanto elas. Ou deixam de esclarecer certos pontos porque não querem ofender o subordinado.

Felizmente, existe uma solução simples para garantir que os projetos que você vai delegar sejam transferidos com eficiência: crie um checklist e utilize-o sempre que for necessário.

Antes de transferir um projeto, faça o checklist com a pessoa que receberá a responsabilidade. Revisar a lista em conjunto assegura que você transferirá todas as informações importantes. Usando as perguntas a seguir como ponto de partida, acrescente ou elimine itens para que o checklist se adeque à sua situação. Você não vai precisar de mais do que 10 minutos para completar a lista e ela pode evitar inúmeras falhas e fracassos no trabalho.

Checklist de delegação de tarefas
- Quais são as prioridades deste projeto para você?
- Quais são seus próximos passos fundamentais nele e até quando planeja realizá-los?
- Que tipo de imprevisto costuma acontecer em projetos desse tipo, e como você deve se planejar para eles?
- Quando vamos conversar sobre seus progressos e problemas?

(continua)

> (continuação)
> - Quem mais precisa saber dos seus planos, e como você os comunicará?
> - Que preocupações ou ideias suas ainda não discutimos?
>
> Adaptado de conteúdo postado em hbr.org em 25 de janeiro de 2011.
> **Peter Bregman** trabalha como consultor de estratégia para CEOs e suas equipes de liderança. Em 2011, publicou *18 Minutes: Find Your Focus, Master Distraction, and Get the Right Things Done.*

chefe ou pelo sistema e, com isso, abre mão do direito de reclamar sobre o que o mandam fazer ou quando. O gestor que toma a iniciativa 2 tem controle sobre a utilização do tempo, mas não sobre o conteúdo. Nas iniciativas 3, 4 e 5 o gestor controla o tempo e o conteúdo, e no nível 5 exerce o maior nível de controle.

Em relação aos subordinados, o trabalho do gestor tem duas vertentes. Primeiro, ele deve proibir o uso das iniciativas 1 e 2, obrigando os subordinados a entregar trabalhos completos. Segundo, ele deve garantir que haja um nível de iniciativa associado a cada abacaxi que deixar sua sala, além de horário e local da próxima reunião com seu subordinado, que deverá ficar marcada na agenda do gestor.

O cuidado na hora de descascar o abacaxi

Para esclarecer melhor a analogia entre o abacaxi e os processos de delegar e controlar tarefas, vamos analisar brevemente a agenda do gestor, que exige cinco regras simples e rígidas sobre

> **DICAS PARA DELEGAR COM EFICIÊNCIA**
>
> - Reconheça as habilidades de seus funcionários e confie na capacidade deles para descascar o abacaxi.
> - Considere a delegação de tarefas uma oportunidade para o desenvolvimento – uma forma de ampliar as habilidades de seu pessoal.
> - Concentre-se nos resultados e não defina *como* as tarefas são realizadas.
> - Explique as tarefas claramente e forneça os recursos necessários para uma conclusão bem-sucedida.
> - Sempre delegue tarefas para o subordinado de nível mais baixo possível na hierarquia, de modo a fazer o melhor uso dos recursos da equipe.
>
> Adaptado de *Pocket Mentor: Managing Projects*, Harvard Business Review Press, 2006.

os cuidados a serem tomados na hora de descascar o abacaxi. (A violação destas regras custará tempo discricionário.)

Regra 1
O abacaxi deve ser resolvido de uma vez ou entregue a outro funcionário, sem enrolação. Do contrário, o gestor desperdiçará um tempo valioso.

Regra 2
O número de abacaxis na mão do gestor deve estar abaixo da capacidade máxima que ele pode suportar. Os subordinados devem encontrar tempo para trabalhar no maior número possível de abacaxis, porém não se deve exagerar. Você não pode gastar

mais do que 15 minutos para fazer o acompanhamanto do abacaxi que não está na sua mão.

Regra 3
Os abacaxis só devem ser descascados na hora agendada. O gestor não deve procurar abacaxis dos outros.

Regra 4
O abacaxi deve ser descascado pessoalmente ou por telefone, nunca por e-mail. (Lembre-se: no caso do e-mail, o passo seguinte é sempre do gestor.) Uma documentação bem organizada pode ajudar na hora de resolver o abacaxi, mas não substitui o ato de descascá-lo.

Regra 5
O subordinado sempre deve saber qual será sua próxima ação e que nível de iniciativa lhe cabe. A qualquer momento essas determinações podem ser revistas por consenso mútuo, mas jamais se deve permitir que sejam vagas ou que não tenham um destinatário certo. Do contrário, o abacaxi vai aumentar de tamanho ou cair no colo do gestor.

"Assuma o controle do fator tempo e do conteúdo daquilo que você faz." Esse é um bom conselho para quem deseja gerir o próprio tempo. A primeira mudança que o gestor precisa implementar na própria rotina é ampliar seu tempo discricionário eliminando o tempo imposto pelos subordinados. A segunda é usar parte do tempo discricionário para garantir que cada subordinado tenha iniciativa e a coloque em prática. A terceira é usar outra parte para obter e manter o controle do fator tempo e do conteúdo do tempo imposto tanto pelo chefe quanto pelo sistema. Esses passos darão uma vantagem ao gestor e permitirão que cada hora gasta na administração do tempo de gestão se multiplique, em teoria, indefinidamente.

William Oncken Jr. foi presidente da William Oncken Corporation até sua morte, em 1988. Hoje seu filho, William Oncken III, comanda a companhia. **Donald L. Wass** era presidente da William Oncken Company do Texas na época em que o artigo foi publicado pela primeira vez. Agora está à frente do escritório regional Dallas-Fort Worth do The Executive Committee (TEC), organização internacional para presidentes e CEOs.

Capítulo 16
Níveis de delegação de tarefas

Linda A. Hill e Kent Lineback

Se você acha que só vale delegar tarefas a funcionários que já demonstraram competência total em determinada área, pode estar preso em um círculo vicioso: até que seu funcionário tenha a oportunidade de desempenhar uma atividade por conta própria, ele jamais desenvolverá a habilidade e a experiência necessárias para desempenhá-la bem. Mas, até que ele a faça bem, você continuará acreditando que precisa se envolver, pôr a mão na massa ou fazer uma microgestão minuciosa, o que pode impedir seu subordinado de aprender a concluir a tarefa por si só.

A seguir, três níveis de delegação de tarefas correspondentes à capacidade de seu subordinado direto:

Nível de delegação 1 Baixa delegação – alto controle	Nível de delegação 2 Delegação moderada – controle moderado	Nível de delegação 3 Delegação elevada – baixo controle
Use com alguém prestes a realizar um trabalho pela primeira vez.	**Use com** alguém que tenha certa experiência, que talvez tenha observado outras pessoas realizando a atividade e deva estar preparado para agir por conta própria.	**Use com** alguém que tenha realmente demonstrado competência.
Preparação: Aqui, em geral, o problema é de habilidade versus força de vontade, portanto descreva como você faz o trabalho e oriente o subordinado no passo a passo. Esclareça os limites em termos de orçamento, estratégia, política, etc. Caso valha a pena, faça treinamentos práticos. Se o funcionário também não tiver força de vontade, situe a atividade no contexto do trabalho da equipe e explique o propósito e os objetivos. Faça-o entender as consequências dos possíveis resultados da tarefa.	**Preparação:** Peça que o subordinado descreva o plano dele para fazer o trabalho e tire as dúvidas com você. Presuma que ele esteja preparado e pronto. Informe restrições ou limites. Cheguem a um acordo sobre o que constitui o sucesso. Oriente conforme necessário. Assegure-se de que ele compreendeu por que deve realizar o trabalho e por que a tarefa é importante. Veja se ele consegue estabelecer a conexão com os propósitos e objetivos da equipe.	**Preparação:** Deixe a preparação a cargo dele. Envolva-se apenas caso o trabalho – por exemplo, uma conversa que ele terá com um importante cliente em potencial – seja fundamental para os propósitos e objetivos da equipe. Se for o caso, peça que ele lhe conte como está se preparando. Forneça orientações e limites claros. Cheguem a um consenso sobre o que pode ser considerado sucesso. Nesse caso, talvez seja mais uma questão de força de vontade do que de habilidade, portanto garanta que ele compreenda a importância e as consequências da ação.

(continua)

(continuação)

Ação: Primeiro, você realiza o trabalho enquanto ele observa. Se as consequências do fracasso forem baixas, você pode observar enquanto ele executa a tarefa.	**Ação:** Deixe-o fazer o trabalho, talvez com você presente e observando, talvez ele sozinho, dependendo da situação e de quão preparado você julga que ele esteja.	**Ação:** Ele conduz a discussão sem seu envolvimento ou sua presença.
Revisão: Refaça seus passos (ou os dele). Responda a perguntas. Identifique lições a serem aprendidas. Peça que ele descreva como fará o trabalho na próxima vez.	**Revisão:** Solicite que ele faça uma autoavaliação do próprio desempenho, tanto em termos de habilidade quanto de força de vontade. O que foi bem? O que pode melhorar? Depois, se você estava presente, faça uma avaliação e discuta possíveis discrepâncias nas respostas dos dois. Concentre-se em resultados tangíveis e comportamentos específicos. Se você não estava presente, pergunte aos colegas que estavam. Chegue a um consenso com ele sobre o que precisa melhorar ou mudar na próxima vez.	**Revisão:** Caso esse seja um trabalho rotineiro e o resultado tenha sido bom ou o esperado, você não terá uma reunião de revisão da tarefa e só falará dela na revisão de desempenho geral periódica. Se foi mais do que trabalho de rotina ou se o resultado foi inesperado, solicite a autoavaliação dele sobre o que aconteceu e sobre o que ele pode aprender com isso.

Fonte: Publicado com permissão de *Being the Boss: The 3 Imperatives for Becoming a Great Leader* (Sendo o chefe: os três imperativos para se tornar um grande líder), de Linda A. Hill e Kent Lineback. Harvard Business Review Press, 2011.

Seção 5
Crie rituais

Capítulo 17
Ritual

Como fazer trabalhos importantes

Tony Schwartz

Hoje quase todo mundo tem a impressão de que está sendo puxado para todas as direções ao mesmo tempo. Esperam que trabalhemos mais horas do que nunca e nos solicitam a fazer mais, muitas vezes com menos recursos. Por outro lado, conhecemos pessoas altamente produtivas que concluem as tarefas mais importantes e ainda conseguem ter vida fora do escritório.

O que elas descobriram que nós ainda não sabemos?

Por incrível que pareça, não é que elas tenham mais força de vontade ou disciplina do que nós. O segredo contraintuitivo para fazer as coisas é torná-las mais automáticas, de modo que exijam menos energia.

E como fazer isso? Desenvolvendo rituais – comportamentos altamente específicos em horários precisos que se tornem automáticos e deixem de exigir força de vontade consciente ou

---

Adaptado de conteúdo postado em hbr.org em 24 de maio de 2011.

disciplina. Decida qual comportamento quer mudar, projete o ritual que você seguirá e elimine o problema.

Ao longo da última década, incorporei uma série de rituais à minha rotina diária, visando garantir que farei as tarefas mais importantes – e que não vou deixar a atração interminável das trivialidades me desviar do caminho.

Eis os quatro rituais que fizeram a maior diferença para mim:

1. **Ir para a cama no mesmo horário todas as noites.** Esse ritual garante que eu tenha oito horas de sono. Nada exerce mais influência sobre como me sinto ao longo do dia. Se vou pegar um voo e sei que chegarei tarde demais para dormir as oito horas, procuro compensar no avião.

2. **Fazer exercícios assim que acordo.** Os exercícios físicos têm um enorme impacto sobre como me sinto ao longo do dia, por isso me exercito mesmo quando não estou com vontade.

3. **Iniciar o dia de trabalho concentrado, atacando minha atividade mais importante.** À noite, já fora do escritório, reflito sobre o que é mais importante fazer no dia seguinte. De manhã, quando chego ao trabalho, ataco direto o problema. Depois de 90 minutos de trabalho intenso, faço uma pausa para reabastecer. Se estou trabalhando de casa, meu intervalo pode ser jogar tênis por uma hora. Durante a semana, no escritório, pode ser bater um papo com um colega por alguns minutos ou fazer um lanche. (Leia o próximo capítulo, Enfrente seu dia com determinação em ciclos de 90 minutos.)

4. **Anotar imediatamente qualquer ideia ou tarefa que me ocorra ao longo do dia.** Quando passo algo para o papel,

deixo de me preocupar com aquilo e não corro o risco de esquecer.

Claro que eu sou humano e falível, por isso não cumpro todos esses rituais religiosamente. Mas, quando deixo de fazer algum deles, pago o preço e me sinto ainda mais atraído por ele no dia seguinte.

Tony Schwartz é presidente e CEO do The Energy Project e autor de *Be Excellent at Anything*. Torne-se fã do The Energy Project e conecte-se com Tony no Twitter em @tonyschwartz e @energy_project.

Capítulo 18
Enfrente seu dia com determinação em ciclos de 90 minutos

Tony Schwartz

Há quase uma década, tenho o hábito de refletir à noite sobre qual será minha principal tarefa do dia seguinte. Quando chego ao escritório de manhã, começo o dia trabalhando nela de forma concentrada por 90 minutos, sem interrupções. Depois desse tempo, faço um intervalo e reinicio o ciclo.

Para isso, saio do e-mail, fecho janelas desnecessárias no computador e deixo as ligações caírem na caixa postal.

Em geral, sou mais produtivo e me sinto mais satisfeito com esse esquema. Às vezes é difícil me concentrar totalmente por 90 minutos, mas sempre tenho um horário definido para realizar uma pausa, o que facilita as coisas.

Comecei a fazer isso porque minha energia, minha força de vontade e minha capacidade de concentração diminuem ao longo

---

Adaptado de conteúdo postado em hbr.org em 24 de maio de 2011.

do dia. Qualquer tarefa muito desafiadora que eu adie tende a não ser feita, e em geral o trabalho mais difícil é o que costuma gerar mais valor. Normalmente, trata-se de um desafio "importante mas não urgente", usando a linguagem de Stephen R. Covey, atividades que adiamos com mais frequência em favor das que são mais urgentes, mais fáceis ou proporcionam uma gratificação mais imediata. (Leia o Capítulo 11, Como permanecer focado no que importa.)

Fiz essa descoberta enquanto escrevia um livro. Na época, eu já havia escrito três. Em todos, eu me sentava à mesa religiosamente às 7 da manhã e muitas vezes ficava ali até as 7 da noite.

Nunca terminei de escrever um livro em menos de um ano. Em retrospecto, vejo que provavelmente passei mais tempo evitando escrever do que escrevendo. Ficava fazendo listas, respondendo a e-mails, atendendo o telefone, arrumando a mesa e organizando os arquivos. Havia dias em que não escrevia nada. Era incrivelmente frustrante.

Para meu novo livro, *Não trabalhe muito, trabalhe certo*, escrevi sem interrupções por três períodos de 90 minutos por dia, fazendo uma pausa entre eles. Tomava o café da manhã depois da primeira sessão, saía para correr depois da segunda e almoçava depois da terceira. Não escrevia mais do que quatro horas e meia por dia, mas terminei o livro em menos de seis meses. Ao escrever em ciclos de 90 minutos e aproveitar os períodos de renovação, pude me concentrar de forma muito mais intensa e produzi mais em menos tempo.

O que me tornou tão produtivo? Criar o ritual de encarar o trabalho mais importante no começo do dia e trabalhar com os ritmos naturais do corpo. Para funcionar, o importante é estabelecer rituais precisos e pensados, realizados em horários específicos, de modo que se tornem automáticos e não exijam muito gasto de energia ou autodisciplina – como escovar os dentes à noite.

Nathaniel Kleitman, pioneiro em pesquisas sobre o sono, afirmou que, quando estamos acordados, o corpo funciona no mesmo ciclo de "atividade e descanso básico" de 90 minutos em que funciona enquanto dormimos. Quando estamos acordados, alternamos entre um estado mais elevado de alerta e outro mais baixo a cada 90 minutos. Segundo o pesquisador Peretz Lavie, esse "ritmo ultradiano" regula o nível de energia. O corpo humano é programado para pulsar e exige renovação em intervalos regulares, não apenas no aspecto físico, mas também no mental e no emocional.

Mesmo que de forma inconsciente, muitos treinam a si mesmos para ignorar os sinais de que o corpo precisa de um descanso, como dificuldade de concentração, inquietação física, irritabilidade. Em vez de descansar, encontram maneiras de ignorar essa necessidade com cafeína, açúcar e os hormônios do estresse que produzimos – adrenalina, noradrenalina e cortisol –, que fornecem breves descargas de energia mas comprometem nossa capacidade de nos concentrar consistentemente no trabalho por um período mais longo.

Como me alinho intencionalmente com os ritmos naturais do meu corpo, aprendi a ouvir seus sinais. No momento em que os percebo, em geral isso significa que atingi a marca de 90 minutos. Nesse ponto, faço uma pausa, mesmo que esteja engrenado no trabalho, pois aprendi que, se não fizer isso, pagarei o preço no decorrer do dia.

Mesmo quando não estou trabalhando em um livro, escolho o trabalho mais importante do dia seguinte na noite anterior, pois não quero desperdiçar energia pensando no que fazer durante o tempo que reservei para trabalhar de fato. Começo em um horário muito específico, pois, quando não faço isso, acabo me dando permissão para procrastinar.

O ideal é que você divida o dia em vários segmentos de trabalho concentrado por 90 minutos, com períodos curtos de recuperação entre cada um. Como nem sempre é possível estruturar seu dia dessa maneira, procure encontrar pelo menos um momento do dia para se concentrar apenas em sua tarefa mais desafiadora e importante.

Tony Schwartz é presidente e CEO do The Energy Project e autor de *Be Excellent at Anything*. Torne-se fã do The Energy Project e conecte-se com Tony no Twitter em @tonyschwartz e @energy_project.

Capítulo 19
Um plano de 18 minutos para administrar o dia

Peter Bregman

Ontem comecei o dia com a melhor das intenções. Entrei de manhã no escritório com uma vaga noção do que queria realizar. Então me sentei, liguei o computador e conferi os e-mails. Duas horas mais tarde, depois de apagar diversos incêndios, resolver problemas de outras pessoas e lidar com todos os pepinos que me mandaram por e-mail e telefone, eu mal conseguia lembrar o que tinha me programado para fazer.

A maioria das pessoas começa o dia sabendo que não vai fazer tudo que pretende, o que torna a decisão sobre como usar o dia estratégica e fundamental. Por isso, é uma boa ideia criar tanto uma lista de tarefas quanto uma do que *não deve* ser feito.

Mas, mesmo com essas listas, o desafio, como sempre, é a execução. Como seguir um plano se tantas coisas ameaçam atrapalhar? Como se concentrar apenas nas tarefas importantes quando tantas outras exigem sua atenção?

Precisamos de um truque.

O preparador físico Jack LaLanne era o mestre dos truques. Um deles era, para mim, seu verdadeiro poder secreto.

Ritual.

Aos 94 anos, ele ainda passava as duas primeiras horas do dia se exercitando. Noventa minutos levantando pesos e 30 minutos nadando ou caminhando. Toda manhã. Precisava fazer isso para atingir seus objetivos: no aniversário de 95 anos, planejava nadar da Califórnia até a ilha de Santa Catalina – a 32 quilômetros da costa.

Para isso, ele trabalhou de modo consistente e planejado. Fazia as mesmas coisas todos os dias. Jack se importava com a forma física e incorporou isso à sua agenda.

Gerir o tempo também deve se tornar um ritual. Apenas uma lista ou uma vaga noção das nossas prioridades não basta; não há consistência ou planejamento nisso. Precisamos seguir um processo contínuo para permanecermos concentrados nas nossas prioridades ao longo do dia, não importa o que aconteça.

Podemos nos organizar para isso seguindo três passos que levam menos de 18 minutos no decorrer de um dia de trabalho de oito horas:

1. **(5 minutos) Defina seu plano para o dia.** Antes de ligar o computador, pegue uma folha em branco e decida o que tornará o dia bem-sucedido. Sendo realista, responda: o que você pode fazer para se aproximar dos seus objetivos e terminar o dia sentindo-se produtivo? Anote as respostas. Agora, o mais importante: pegue sua agenda e anote as respostas em horários específicos, colocando os itens mais difíceis e importantes no começo do dia – antes de conferir seu e-mail. Se sua lista não couber na agenda, reorganize a lista por ordem de prioridade. Decidir quando você fará

algo lhe dá um poder enorme. (Leia o Capítulo 13, Como encarar sua lista de tarefas.)

2. **(1 minuto a cada hora) Retome a concentração.** Programe seu relógio, telefone ou computador para emitir um alarme a cada hora. Quando ele soar, respire fundo, olhe para a lista e pergunte a si mesmo: *Estou fazendo o que mais preciso fazer neste instante?* Depois, olhe para a agenda, reflita e assuma novamente o compromisso de usar a próxima hora da maneira mais produtiva possível. Administre o dia hora a hora. Não permita que as horas – ou as interrupções inevitáveis – o administrem.

3. **(5 minutos no final do dia) Revise.** Desligue o computador e revise seu dia. O que deu certo? Em que você se concentrou? Onde se distraiu? O que aprendeu que o ajudará a ser mais produtivo amanhã?

O poder dos rituais está em sua previsibilidade: você faz a mesma coisa da mesma maneira repetidas vezes. E o resultado de um ritual também é previsível. Ao escolher seu foco com cuidado e inteligência e se lembrar dele sempre, você *permanece* focado.

Esse ritual específico pode não ajudar você a nadar 32 quilômetros no oceano ou a viver até os 100 anos, mas pode ajudá-lo a deixar o escritório sentindo-se produtivo e bem-sucedido. E, no fim das contas, essa é uma grande prioridade, certo?

Peter Bregman trabalha como consultor de estratégia para CEOs e suas equipes de liderança. Em 2011, publicou *18 Minutes: Find Your Focus, Master Distraction, and Get the Right Things Done*.

Capítulo 20
Um diário de 10 minutos para permanecer nos trilhos

Teresa Amabile e Steven Kramer

Qual é a melhor maneira de usar os últimos 10 minutos do seu dia de trabalho? Muitos gurus da produtividade recomendam uma reunião consigo mesmo para revisar a lista de tarefas, conferir como está se saindo em relação aos objetivos de curto e longo prazo ou selecionar o projeto mais desafiador que enfrentará no dia seguinte.

Nossa pesquisa sugere não apenas que você deve fazer essa revisão ao final de cada dia, mas que também, ao registrar seus pensamentos em um "minidiário", aumentará a produtividade e a sensação de bem-estar. Um diário de trabalho melhorará sua concentração, acompanhará seu progresso e deixará você mais satisfeito com seu desempenho – o que o tornará ainda mais produtivo.

Muitas vezes, esse momento reflexivo é a primeira coisa que abandonamos quando estamos sobrecarregados. Acrescentar ao dia a dia a tarefa de escrever parece contraproducente, um retrocesso no trabalho "de verdade", e, para piorar, a palavra "diário" evoca um compromisso de longo prazo. Portanto, experimente fazer isso apenas durante um mês, concentrando-se em um só projeto de curto prazo (por exemplo, desenvolver um plano de formação de equipe) ou uma área de desenvolvimento profissional (por exemplo, melhorar suas habilidades de apresentação).

Ao final de cada dia de trabalho, dedique 10 minutos ao diário. Não escreva mais de 100 palavras e, ao fim do mês, veja o que aprendeu. Talvez você se surpreenda.

Um diário de trabalho traz cinco benefícios. Você:

1. **Acompanha seu progresso.** O diário registra as "pequenas vitórias" – seus passos rumo a objetivos significativos –, o que pode aumentar sua motivação, caso você reflita sobre elas.

2. **Planeja.** Você usa o diário como uma ferramenta para fazer um rascunho dos seus próximos passos.

3. **Estimula o crescimento pessoal.** O diário proporciona a você uma forma de superar os momentos difíceis – e até os traumáticos –, apresentando novas perspectivas.

4. **Aguça a concentração.** Com o passar do tempo, observando padrões nos registros, você é capaz de identificar seus pontos fortes, suas paixões e seus desafios. Por exemplo, o diário pode revelar que você tem gastado muito tempo em questões de baixa prioridade. Revisar o diário e identificar esse padrão pode ajudá-lo a renovar o compromisso que você assumiu de concentrar tempo e energia na tarefa mais importante.

5. Desenvolve a paciência. Nos dias mais frustrantes, o diário serve como um lembrete de que, no passado, você perseverou em dias que pareciam ainda piores.

Nossa pesquisa mostra que, desses benefícios, usar o diário de trabalho para acompanhar seu progresso pode ser o item mais importante para sua produtividade e seu bem-estar. Como parte de um grande estudo sobre a psicologia do cotidiano no trabalho, coletamos quase 12 mil registros em diários de 238 profissionais que trabalhavam em projetos complexos e criativos. Nossas análises revelaram uma grande surpresa. Entre os fatores que poderiam deixá-los felizes e motivados para mergulhar no trabalho, o mais importante era simplesmente progredir em tarefas com as quais eles se importavam.

Chamamos isso de *princípio do progresso*, que se aplica mesmo quando o progresso é uma pequena vitória. Quando percebemos que estamos avançando, ficamos motivados para continuar, e é mais fácil manter a concentração, mesmo quando surgem contratempos. Veja o exemplo a seguir, extraído do diário de um engenheiro de software que participou do estudo:

Hoje, quando comecei a trabalhar, recebi uma mensagem de um usuário falando de um projeto que eu havia feito para ele. Ele teceu vários elogios e isso me fez muito bem. A mensagem também continha um pedido de upgrade no pacote de análise de bancos de dados. Desenvolvi o código e atualizei o software em menos tempo do que o estimado. Isso me deixou feliz, e sei que nosso usuário ficará feliz quando chegar ao escritório amanhã.

Esse registro provavelmente levou menos de cinco minutos para ser feito. Contudo, no final do dia, o engenheiro estava muito feliz – e também parecia motivado a ser bastante produtivo no dia seguinte. Fazer progressos e anotá-los pode proporcionar ânimo e lhe dar o impulso necessário para seguir trabalhando nos projetos que mais beneficiarão a empresa e os clientes.

Quando você cria o hábito de escrever e repassar os acontecimentos do dia, também aprende a lidar melhor com situações negativas. No registro a seguir, uma funcionária luta para ter a sensação de controle durante um acontecimento traumático na empresa – um corte de pessoal. Apesar de o emprego dela ainda estar em risco, o diário a ajuda a moldar uma perspectiva saudável sobre o episódio e permite que ela se concentre no trabalho em meio a um turbilhão de boatos e incertezas. No registro, seu crescimento pessoal é quase palpável:

> Hoje de manhã, meu gerente de projetos me procurou e se sentou ao meu lado para ver se eu estava bem após todas as demissões de ontem. Achei a atitude muito legal. Todos tivemos um dia difícil ontem, mas hoje me sinto melhor. Em 45 dias, todos saberemos nossos destinos e poderemos seguir com a vida de um jeito ou de outro. O resultado de tudo isso está fora de nosso controle. Estou tentando me concentrar no que ESTÁ ao meu alcance, fazendo meu trabalho.

A seguir, um profissional nos conta como achou importante responder ao questionário sobre o diário que enviamos todos os dias durante o projeto:

> Eu vi sentido em responder aos questionários, sobretudo nas ocasiões em que tinha disciplina para pegá-lo ao fim do expediente, quando tudo estava fresco na minha cabeça. Eles me ajudavam a refletir sobre o dia, minhas realizações, o trabalho da equipe e como eu estava me sentindo de modo geral. Quando

você trabalha em ritmo frenético, é raro ter tempo para reflexões, mas isso é realmente benéfico.

Não descarte a ideia de manter um diário só porque acredita que precisará criar registros bem elaborados para a posteridade. Descobrimos que se você evitar assumir um grande compromisso com essa ideia, será mais bem-sucedido. Não se preocupe com a forma de se expressar. Simplesmente descreva os acontecimentos ou insights do dia. No nosso estudo, o tamanho médio dos registros foi de apenas 54 palavras.

Para começar:

- **Escolha um horário.** Procure um momento em que é mais provável que você tenha 10 minutos para si. O ideal é que seja o mesmo horário todo dia, pois assim fica mais fácil adquirir o hábito. Para alguns, será a última ação do dia, pouco antes de ir para a cama. Para outros, será no final do expediente ou no caminho para casa.

- **Crie um gatilho de memória.** Escolha algo que você verá ou escutará no horário determinado para escrever. Por exemplo, caso queira escrever no diário antes de deixar o escritório, programe no celular um alarme que se repita diariamente 10 minutos antes do fim do expediente. Caso escolha a hora de se deitar, mantenha o diário e uma caneta na mesa de cabeceira.

- **Escolha um meio.** Encontre algo que você goste de usar. Alguns adoram diários para cinco anos, com poucas linhas para cada dia. Outros gostam de aplicativos de celular. Seja um documento do Word, um aplicativo para anotações, um caderno ou até uma planilha de Excel, use o que funcionar melhor para você.

- **Reflita sobre seu dia.** Algumas pessoas descobrem o que pensam à medida que escrevem, mas a maioria precisa de um tempinho para organizar os pensamentos. Use os primeiros três minutos para deixar a mente vagar na direção de qualquer um dos seguintes tipos de acontecimentos do dia:
    - Progresso... e o que levou a ele. (Parabenize a si mesmo.)
    - Contratempos... e quais as possíveis causas. (Aprenda com eles.)
    - Algo bom. (Sinta-se grato.)
    - Algo difícil. (Desabafe.)
    - Algo que você pode fazer amanhã para que seu trabalho flua melhor. (Em seguida, planeje como fazer isso.)
    - Qualquer outro pensamento que domine seu período de reflexão.
- **Escreva.** Use os sete minutos restantes para anotar os pensamentos. Não se preocupe com gramática, fluência, estilo, etc. Concentre-se no acontecimento.
- **Revise.** De vez em quando, sente-se numa poltrona confortável por alguns minutos com seu diário e sua bebida favorita. Grande parte do valor de um diário está em permitir revisar periodicamente os últimos dias (ou até voltar mais no tempo).

De início, utilize o diário apenas para um projeto, durante algumas semanas. Talvez você descubra que ele é uma ferramenta de produtividade da qual você não vai mais querer abrir mão.

Teresa Amabile é a Professora Edsel Bryant Ford de Administração na Harvard Business School. Pesquisa o que torna as pessoas criativas, produtivas, felizes e motivadas no trabalho. **Steven Kramer** é psicólogo e pesquisador independente. Eles são coautores de *O princípio do progresso*.

Seção 6
Renove sua energia

Capítulo 21
Como produzir mais fazendo menos

Tony Schwartz

Sabemos que o número de horas que passamos sentados à mesa não é o único fator que determina o valor que geramos. A energia e a concentração que investimos nessas horas também pesa no resultado. O ser humano é projetado para pulsar de forma ritmada, gastando e renovando a energia. É assim que operamos em capacidade total. Manter um reservatório constante de energia – física, mental, emocional e até espiritual – exige um reabastecimento a intervalos regulares.

Vejamos, por exemplo, duas pessoas com capacidades iguais – Bill e Nick – que trabalham na mesma empresa. Todo dia eles chegam ao trabalho às 9 da manhã e saem às 7 da noite.

Bill trabalha 10 horas sem parar, fazendo malabarismos com as tarefas e correndo de uma reunião para outra o dia inteiro. Ele almoça à mesa. À 1 da tarde, Bill está cansado e começa a perder a concentração. Entre 4 da tarde e 7 da noite, está se arrastando e se distrai à toa.

Adaptado de conteúdo postado em hbr.org em 13 de dezembro de 2011.

Essa é a **lei do retorno decrescente** em ação. Como não faz pausas para renovar as energias nem para almoçar, Bill realiza de fato cerca de seis horas de trabalho produtivo ao longo das 10 horas – cerca de 60% da capacidade.

Agora compare Nick, que trabalha as mesmas 10 horas que Bill, mas, em vez de produzir sem parar, Nick controla seu ritmo: trabalha intensamente por cerca de 90 minutos de uma só vez, depois faz uma pausa de 15 minutos antes de retomar o trabalho. Às 12h45, sai para almoçar ou malhar numa academia próxima e volta 45 minutos depois. Às 3 da tarde, entra no carro e descansa um pouco. Às vezes, o descanso vira um cochilo de 15 ou 20 minutos. Por fim, entre 16h30 e 17h, Nick faz uma caminhada de 15 minutos fora do escritório.

Somando as interrupções de Nick, ele deixa de trabalhar duas das 10 horas em que fica no escritório, de modo que produz "somente" oito horas – 80% do tempo. Mas, como os 20% restantes são pausas agendadas para renovar as energias, ele trabalha com 100% da capacidade. No geral, sua produtividade é **20% maior que a de Bill**.

Os ciclos de trabalho e descanso permitem que Nick permaneça mais concentrado e alerta que Bill, cometa menos erros e volte para casa à noite com mais energia.

Trabalhe como Nick e você produzirá mais em menos tempo, com mais qualidade e de modo mais sustentável. No próximo artigo, aprenda a **administrar sua energia, não seu tempo**.

Tony Schwartz é presidente e CEO do The Energy Project e autor de *Be Excellent at Anything*. Torne-se fã do The Energy Project e conecte-se com Tony no Twitter em @tonyschwartz e @energy_project.

Capítulo 22
Administre sua energia, não seu tempo

Um resumo com as ideias principais do artigo de Tony Schwartz e Catherine McCarthy *publicado na HBR.*

A IDEIA RESUMIDA

O trabalho está exigindo muito de você? Você sente que está trabalhando demais, porém raramente progride? Seu celular o prende ao trabalho 24 horas por dia, sete dias por semana? Você se sente exausto, desligado, desanimado?

Passar mais tempo do que o normal no escritório e trabalhar horas extras em casa não funciona porque tempo é um recurso limitado. Por outro lado, a energia é renovável. Desenvolvendo *rituais* aparentemente simples que o ajudarão a reabastecer a energia com regularidade você poderá fortalecer sua resiliência física, emocional, mental e espiritual. Esses rituais incluem fazer pausas curtas em intervalos específicos, manifestar reconhecimento aos outros, reduzir interrupções e passar mais tempo realizando as atividades que você faz melhor e de que gosta mais.

A IDEIA NA PRÁTICA

Experimente as práticas a seguir para renovar as quatro dimensões da sua energia pessoal:

Energia física

- Melhore o sono indo para a cama mais cedo e reduzindo a ingestão de bebida alcoólica.
- Reduza o estresse praticando atividades cardiovasculares pelo menos três vezes por semana e musculação pelo menos uma vez por semana.
- Faça pequenas refeições e lanches leves a cada três horas.
- Aprenda a perceber sinais de falta de energia, como inquietação, bocejos, fome e dificuldade de concentração.
- Ao longo do dia, faça pausas curtas, porém regulares, afastando-se da mesa a cada 90 ou 120 minutos.

Energia emocional

- Neutralize emoções negativas – irritação, impaciência, ansiedade, insegurança – com respiração abdominal profunda.

- Cultive emoções positivas em si e nos outros manifestando reconhecimento. Use bilhetes, e-mails, telefonemas ou conversas. Seja específico e detalhista.

- Enxergue situações difíceis a partir de outro ponto de vista. Adote uma **lente reversa** e pergunte-se: "O que essa pessoa diria e como poderia estar certa?" Use uma **lente longa** e pergunte-se: "Como provavelmente enxergarei essa situação daqui a seis meses?" Empregue uma **lente grande angular** e pergunte-se: "Como posso crescer e aprender com essa situação?"

Energia mental

- Na hora de realizar tarefas que exigem alta concentração, afaste-se do telefone e dos e-mails, para reduzir as interrupções.

- Responda a mensagens de voz e e-mails em horários predeterminados.

- Todas as noites, identifique qual será o desafio mais importante do dia seguinte. Transforme-o em sua principal prioridade quando chegar ao escritório.

Energia espiritual

- Identifique suas atividades prediletas – aquelas que lhe proporcionam as sensações de eficiência, assimilação sem esforço e realização. Descubra maneiras de praticar mais atividades desse tipo. Um executivo que odeia fazer relatórios de vendas pode delegar a tarefa a alguém que adora essa atividade, por exemplo.

- Dedique tempo e energia ao que você considera mais importante. Por exemplo, passe os últimos 20 minutos do trajeto de volta para casa relaxando, para se conectar melhor com a família quando chegar.
- Viva seus valores essenciais. Por exemplo, se você acha importante ter consideração pelos outros, mas sempre chega atrasado às reuniões, passe a chegar cinco minutos antes da hora marcada.

Você está rumando para uma crise de energia?

Responda ao questionário a seguir para identificar quais áreas da sua vida podem se beneficiar de rituais que promovam a renovação de energia. Marque as afirmações verdadeiras:

Corpo

☐ Costumo dormir menos de sete ou oito horas por noite e geralmente acordo cansado.

☐ Pulo o café da manhã com frequência ou como besteiras.

☐ Não faço exercícios físicos suficientes (ou seja, treino cardiovascular pelo menos três vezes por semana e treino de força pelo menos uma vez por semana).

☐ Não faço pausas regulares durante o dia para me recuperar e recarregar as energias, muitas vezes almoço na mesa de trabalho ou até deixo de almoçar.

Emoções

☐ Sinto-me sempre irritado, impaciente ou ansioso no trabalho, sobretudo quando estou fazendo algo que exige muito de mim.

☐ Não tenho tempo para a família e os amigos e, quando estamos juntos, nem sempre estou emocionalmente com eles.

☐ Quase não tenho tempo para as minhas atividades prediletas.

☐ Não costumo manifestar reconhecimento em relação aos outros nem saboreio as realizações na minha vida.

Mente

☐ Tenho dificuldade em me concentrar em uma tarefa de cada vez e me distraio facilmente ao longo do dia, especialmente com e-mails.

☐ Passo boa parte do dia apagando incêndios em vez de me concentrar em atividades mais lucrativas para a empresa e com valor a longo prazo.

☐ Não dedico tempo suficiente à reflexão, à elaboração de estratégias e ao pensamento criativo.

☐ Muitas vezes, trabalho à noite ou nos fins de semana e quase nunca deixo de ver e-mail do trabalho durante as férias.

Espírito

☐ Não dedico tempo suficiente no trabalho ao que faço melhor e mais me agrada.

☐ Existe uma grande diferença entre o que afirmo ser mais importante para mim e aquilo a que de fato dedico meu tempo e minha energia.

☐ Minhas decisões profissionais são influenciadas mais frequentemente por demandas externas do que pela minha noção de propósito.

☐ Não dedico tempo suficiente para fazer uma diferença positiva para os outros ou para o mundo.

Como está sua energia em geral?

Número de afirmações marcadas: _____

Pontuação
    0-3: excelente capacidade de gerenciamento de energia
    4-6: razoável capacidade de gerenciamento energia
    7-10: deficiência significativa de gerenciamento de energia
    11-16: crise total de gerenciamento de energia

No que você precisa trabalhar?

Número de pontos em cada categoria:
Corpo _____
Mente _____
Emoções _____
Espírito _____

Guia para a pontuação em cada categoria
    0: excelente capacidade de gerenciamento de energia
    1: forte capacidade de gerenciamento de energia
    2: deficiência significativa de gerenciamento de energia
    3: pouca capacidade de gerenciamento de energia
    4: crise total de gerenciamento de energia

Tony Schwartz é presidente e CEO do The Energy Project e autor de *Be Excellent at Anything*. Torne-se fã do The Energy Project e conecte-se com Tony no Twitter em @tonyschwartz e @energy_project. **Catherine McCarthy** é vice-presidente sênior do The Energy Project.

Capítulo 23
Por que profissionais com alto desempenho dormem mais

Tony Schwartz

Por que o sono é uma das primeiras coisas que estamos dispostos a sacrificar quando a demanda aumenta? Ainda vivemos segundo um mito notavelmente duradouro: o de que dormir uma hora a menos nos proporcionará uma hora a mais de produtividade. A realidade, porém, é outra: mesmo uma curta privação do sono cobra caro da saúde, do humor, da capacidade cognitiva e da produtividade.

De quanto sono você precisa?

Quando pesquisadores colocam voluntários em ambientes sem relógios ou janelas e pedem a eles que durmam quando se sentirem cansados, 95% dormem entre sete e oito horas a cada 24.

Adaptado de conteúdo postado em hbr.org em 2 de março de 2011.

Outros 2,5% dormem mais de oito horas. Isso significa que apenas 2,5% das pessoas precisam de menos de sete horas de sono por noite para se sentirem plenamente descansadas – uma em cada 40 pessoas.

Nas minhas palestras, quando pergunto quem dormiu menos de sete horas diversas vezes na semana anterior, a maioria levanta a mão. Isso vale para uma plateia de executivos, professores, policiais ou funcionários públicos.

Indivíduos de alto desempenho são um ponto fora da curva nesse aspecto, pois em geral eles dormem muito *mais* do que o resto das pessoas. No famoso estudo sobre violinistas de Anders Ericsson, os músicos de melhor desempenho dormiam em média oito horas e meia a cada 24, o que incluía uma soneca de 20 a 30 minutos no meio da tarde – cerca de duas horas a mais por dia do que o americano médio.

Os melhores violinistas também relataram que, exceto pela prática em si, o sono era o fator que mais influenciava o desenvolvimento de suas habilidades.

Conforme pesquisava a respeito do sono, eu me sentia cada vez mais impelido a priorizá-lo na minha vida. Hoje me esforço para dormir pelo menos oito horas por noite – de preferência entre oito horas e meia e nove horas, mesmo quando estou viajando.

Costumo pegar o voo noturno da Califórnia para Nova York, mas, antes da decolagem, já estou dormindo – mesmo que precise tomar um remédio para isso. Quando chego em casa, por volta das 6 ou 7 da manhã, vou direto para a cama e só me levanto depois de ter dormido minhas oito horas. O que aprendi é que prefiro trabalhar a 100% durante cinco ou seis horas do que a 60% durante oito ou nove.

Quando durmo o suficiente, eu me sinto bem, trabalho com mais concentração e administro melhor as emoções, o que é bom

> **O QUE AS PESSOAS ESTÃO DIZENDO EM HBR.ORG**
>
> Experimente a soneca do café. Sou paramédico e uso este truque há muito tempo. Prepare uma xícara de café, arrume o local onde você vai dormir e beba o café rapidamente. Programe um alarme para tocar em 20 minutos e levante-se quando ele tocar. Se você passar mais tempo do que isso deitado, vai se sentir desgastado. Isso me salvou em várias noites em que trabalhei até tarde dirigindo por longos trajetos. – Postado por John

para todos ao meu redor. É difícil suportar um único dia em que não dormi o suficiente, pois o impacto da privação de sono é imediato e inevitável. Nas raras vezes em que isso acontece, eu me esforço para tirar uma soneca de pelo menos 20 ou 30 minutos à tarde. Isso ajuda muito.

Como dormir mais

Aqui estão três dicas para melhorar a duração e a qualidade do seu sono:

- **Anote o que está na sua cabeça antes de se deitar.** Quando você deixa itens na sua memória, como trabalhos por concluir e questões não resolvidas, eles dificultam seu sono, e você acaba acordando no meio da noite e ruminando sobre eles.

- **Vá para a cama mais cedo – em um horário definido.** Parece óbvio, não é? O problema é que não há alternativa. Você já está acordando o mais tarde possível. Se não criar um ritual com um horário específico para se deitar, acabará encontrando maneiras de permanecer acordado até mais tarde.

- **Comece desacelerando pelo menos 45 minutos antes de apagar a luz.** Você não cairá no sono se estiver acelerado, respondendo a e-mails ou fazendo outro trabalho. Crie o ritual de tomar um chá de ervas, escutar uma música relaxante ou ler um livro.

Tony Schwartz é presidente e CEO do The Energy Project e autor de *Be Excellent at Anything*. Torne-se fã do The Energy Project e conecte-se com Tony no Twitter em @tonyschwartz e @energy_project.

Seção 7

Assuma o controle de seu e-mail

Capítulo 24
Simplifique seu e-mail

Gina Trapani

Se você passa mais tempo respondendo a e-mails do que fazendo o trabalho que precisa ser feito, está na hora de reorganizar suas mensagens.

Limpe a caixa de entrada

Os cientistas da computação desenvolveram o e-mail com base no paradigma do correio, portanto pense em sua caixa de entrada como sua caixa de correio física. Você não guardaria para sempre contas que costuma pagar e o convite para aquela festa de aniversário que já passou, certo? Classifique-os por remetente, data ou assunto e limpe as mensagens da maneira mais eficiente possível. Depois, apague o lixo; cancele a assinatura de newsletters que você nunca lê e de sites que não visita. Se você tem milhares de e-mails na pasta principal, a escritora Amy Gallo sugere criar uma subpasta chamada "Caixa de entrada antiga" e colocar todas as mensagens nela. Você ainda terá acesso às mensagens caso precise, mas será capaz de iniciar prontamente seu novo

---

Adaptado de conteúdo postado em hbr.org em 9 de junho de 2009.

processo de organização do e-mail sem o trabalho entediante de revisar cada mensagem antiga.

Crie apenas três pastas

Às vezes, não é só o volume de mensagens que torna o gerenciamento de e-mails um grande consumidor de tempo, mas o sistema complicado de pastas que você criou. Otimize sua caixa de entrada criando três pastas:

> **Acompanhar:** Para mensagens a que você precisa responder ou que demandam uma ação que leve mais do que dois minutos. Para cada um desses e-mails, acrescente um item correspondente na sua lista de tarefas.
>
> **Aguardar:** Para mensagens em relação às quais você está esperando algo acontecer, como o envio de uma encomenda ou o convite para um evento. Para cada um desses e-mails, acrescente um item correspondente na sua lista de tarefas.
>
> **Arquivar:** Para mensagens cujo assunto você já resolveu mas deseja guardar como referência.

Faça a manutenção de seu novo sistema

Após limpar a caixa de entrada, você deve mantê-la organizada e gerenciável para ser capaz de se concentrar na sua tarefa mais importante. Eis algumas técnicas para manter suas mensagens sob controle:

- **Processe seu e-mail em lotes.** A maioria das pessoas fica atenta ao e-mail o dia inteiro, procurando qualquer urgência e ignorando todo o resto, e é assim que as mensagens se acumulam na caixa de entrada. Em vez de conferir toda vez que receber uma nova mensagem, processe seu e-mail em lotes. Enquanto sua prioridade é outra, feche o e-mail ou configure-o, junto com seu smartphone ou tablet, para atualizar a caixa de entrada somente a cada poucas horas. Depois, quando tiver tempo livre entre duas tarefas, comprometa-se a processar novas mensagens. Alexandra Samuel, cofundadora da Social Signal, recomenda processar os e-mails em horários específicos (por exemplo, das 8 às 10 da manhã e das 4 às 6 da tarde). Pela assinatura de e-mail ou por uma nota em seu blog, notifique as pessoas com quem você troca mensagens a respeito dessa programação (se necessário, peça autorização ao seu superior). Presuma que, caso surja uma emergência, as pessoas telefonarão para você – mas evite sugerir isso, para evitar que seu telefone passe a tocar constantemente.

- **Use a regra de "dois minutos".** Conforme for processando seu e-mail em lotes, responda na hora a todas as mensagens que levarão menos de dois minutos para serem escritas. Não adie nem deixe-as na caixa de entrada marcadas como lidas, pensando que voltará a elas. Nem mesmo as arquive na pasta "Acompanhar"; simplesmente as resolva na hora. Para ajudá-lo a permanecer dentro do limite de dois minutos, tente responder a todos os e-mails com no máximo três frases, como aconselha Dave Kerpen, CEO da Likeable Media. Qualquer coisa que precise de mais que isso provavelmente exige um telefonema rápido em vez de um e-mail. Faça sua equipe ou seu departamento tentar essa estratégia como um experimento em grupo e você verá como o tempo de processamento de e-mails vai diminuir.

- **Acabe com o "responder a todos".** Kerpen também recomenda usar ferramentas de redes sociais em vez de e-mails para conversar com colegas, facilitar a colaboração e a escuta passiva, e eliminar as temidas correntes de e-mails do tipo "Responder a todos". Experimente usar um grupo fechado no Facebook ou o chat do provedor de e-mails. Existem também aplicativos que permitem que organizações criem plataformas privadas de redes sociais. Alguns são mais adequados para grandes empresas, e outros, para organizações menores ou mesmo departamentos. Obtenha respostas diretas e imediatas e siga com o trabalho.

- **Pare de enviar spam.** Samuel observa que um dos fatores que mais contribuem para o excesso de e-mails é a expectativa amplamente compartilhada de que todo e-mail deve ter uma resposta, mesmo que seja apenas "OK" ou "Obrigado". Não faça isso.

Para mais sugestões de como manter seu e-mail sob controle, leia o próximo capítulo.

Gina Trapani é editora fundadora do blog de produtividade pessoal Lifehacker.com.

Capítulo 25
Oito experimentos para eliminar o excesso de e-mails

Alexandra Samuel

Se você já tentou todas as maneiras básicas de estruturar e gerenciar seu e-mail mas ainda se sente sobrecarregado, aqui estão oito experimentos testados e comprovados para enfrentar o problema. Teste um ou dois de cada vez – mas obrigue-se a ir até o limite de sua zona de conforto, pois as táticas que parecem mais inconcebíveis podem ser justamente as que o ajudarão a descobrir um modo mais eficiente de trabalhar com seu e-mail.

Se sua empresa tem a cultura de esperar respostas imediatas para as mensagens, envie um e-mail para os colegas e correspondentes e informe-os da experiência. Isso evita que fiquem magoados em função de algumas sugestões mais radicais.

1. **Rejeite a resposta obrigatória.** Prepare uma resposta automática informando que você só responde a determinados

e-mails, dependendo de sua disponibilidade e suas prioridades, e deixe claro que também não espera resposta para todos os que enviar. Eis um exemplo:

ASSUNTO: Meu acesso ao e-mail está limitado e talvez eu não responda à sua mensagem.

Obrigado por entrar em contato. Estou testando uma nova abordagem em relação a e-mails: agora envio e respondo a menos mensagens. Ainda confiro a caixa de entrada regularmente, portanto, se você não receber uma resposta em até 72 horas, por favor, presuma que li e arquivei sua mensagem. O objetivo desta abordagem é ajudar a me concentrar nas minhas prioridades atuais. Grato pela compreensão.

Para uma solução menos extrema, acrescente algumas palavras simpáticas à sua assinatura padrão de e-mail. As minhas são:

Junte-se à luta contra a sobrecarga de e-mails:
- Concentre-se nas *suas* prioridades; vou entender se você não responder.
- Desculpe-me se eu não responder; também estou tentando me concentrar.
- Se for urgente, telefone, envie uma mensagem por outra plataforma ou venha até a minha sala.

2. **Estabeleça uma cota de e-mails.** Limite o número de e-mails que você envia por dia. Presuma que cada e-mail enviado gera de quatro a 10 respostas, de modo que a cada mensagem enviada você está criando trabalho para si. Mande menos e você receberá menos. Para e-mails

recebidos, determine um número razoável e torne-o a cota diária que você quer receber. Em seguida, use filtros para classificar os e-mails recebidos e mantenha as mensagens fora da sua caixa de entrada, exceto as cruciais. Arquive automaticamente outras mensagens em pastas específicas. Continue acrescentando regras até que o volume diário da caixa de entrada esteja abaixo da cota que você estabeleceu.

Por exemplo, eu direciono automaticamente para pastas específicas os e-mails internos, aqueles em que fui apenas copiado, as notificações de redes sociais, etc. Meus colegas mais próximos sabem que qualquer e-mail marcado como URGENTE ainda cai na minha caixa de entrada; você pode definir regras para garantir que as mensagens do seu chefe cheguem marcadas como alta prioridade ou com uma cor específica, de modo que se destaquem. Os filtros reduzem o volume de mensagens recebidas para um nível administrável e asseguram que os e-mails de possíveis clientes ou clientes atuais não fiquem perdidos em um mar de spam.

3. **Responda por telefone.** Você pode eliminar dezenas de e-mails por dia com telefonemas rápidos. Uma conversa de cinco minutos sobre um novo obstáculo no seu projeto pode ser mais eficiente do que elaborar um e-mail que explique a situação. Além disso, agradeça às pessoas pessoalmente ou por telefone, mesmo que seja necessário deixar uma mensagem de voz (agradecimentos detalhados por trabalhos em projetos, no entanto, devem ser enviados por e-mail, para que os destinatários possam arquivá-los e usá-los em revisões de desempenho). E o mais importante: sempre que receber um e-mail que o aborreça

ou magoe, procure responder a ele pessoalmente ou por telefone, pois conversas via e-mail tendem a aumentar e consolidar rancores.

4. **Não copie.** Recuse-se a enviar, ler ou responder a mensagens em que foi apenas copiado. Como o blogueiro e empresário Anil Dash diz, incluir alguém em uma mensagem copiada em um e-mail é como dizer: "Este assunto é importante o bastante para que eu interrompa você, mas não o suficiente para que eu escreva diretamente para você." Se uma mensagem exige a atenção do destinatário, inclua a pessoa no campo "para"; caso não exija, simplesmente não a envie. Diga aos colegas que eles devem endereçar mensagens diretamente a você caso precisem de sua resposta.

5. **Não toque no celular.** Não use o tempo entre reuniões ou enquanto espera um voo para responder a e-mails no teclado minúsculo do seu celular. Em vez de enviar uma resposta abrupta e cheia de erros de digitação, espere chegar à sua mesa, para elaborar uma resposta mais satisfatória em menos tempo.

6. **Tire férias dos e-mails.** Experimente tirar férias dos e-mails por duas semanas, um período sabático de seis meses ou algo intermediário. Mas sua folga não valerá de nada se você retornar e se deparar com uma caixa de entrada entupida. Portanto, antes de se desconectar, ative a resposta automática de férias com uma mensagem como o exemplo a seguir:

Obrigado pela mensagem. Estou tirando férias dos e-mails até o próximo ano. A mensagem que você acabou de me enviar foi arquivada, de modo que não está perdida para sempre, mas, se você precisa de uma resposta, me envie outro e-mail a partir de 4 de janeiro. Se precisar me contatar com urgência, telefone.

Configure seu e-mail para arquivar tudo em uma pasta chamada "Férias". Quando voltar, dê uma olhada rápida para verificar qualquer mensagem fundamental que possa ter perdido e ignore o resto. Se alguém quiser muito contatar você, escreverá outra vez.

7. **Responda a *todos* os e-mails.** Se ignorar e-mails o deixa nervoso, talvez seja hora de ceder. Durante duas semanas, transforme sua *manhã inteira* em uma zona de processamento de e-mails. (Se três horas não forem o bastante, reserve o período que achar necessário.) Avalie se, ao responder a 100% dos e-mails, você se tornará mais eficiente. Isso o ajudará a tomar decisões conscientes sobre como alocar melhor seu tempo e fazer a triagem da sua caixa de entrada.

8. **Abandone o e-mail.** Para se ver livre de vez da caixa de entrada, abandone-a. Sim, você pode fazer isso – especialmente se tiver facilidade com outras ferramentas de redes sociais. Se possui um blog, use-o para postar atualizações de seu trabalho em vez de enviar e-mails para uma lista interminável; para se comunicar com equipes de projetos, use uma ferramenta de administração de projetos, como o Basecamp; para trabalhar com textos em rascunho, use o Google Docs; para evitar dezenas de e-mails trocados, use o Skype; e para trocar mensagens de forma eficiente e confidencial, use SMSs, WhatsApp ou o serviço de mensagens privadas das redes sociais. Remova seu endereço de e-mail

do cartão de visitas e de sua página e estimule seus contatos a telefonarem.

Alexandra Samuel é diretora do Social + Interactive Media Center na Universidade Emily Carr e cofundadora da Social Signal, agência de mídia social baseada em Vancouver, no Canadá. Você pode seguir Alexandra no Twitter, em @awsamuel, ou acessar seu blog, alexandrasamuel.com.

Seção 8
Mantenha a nova abordagem

Capítulo 26
Siga firme com seu sistema de produtividade

Alexandra Samuel

Um sistema de produtividade só funciona enquanto você acredita nele. Basta deixar um pouco de ceticismo se infiltrar – sobre a disciplina exigida para segui-lo, as recompensas prometidas ou a possível superioridade de outros sistemas – e a ameaça da desordem retorna rapidamente.

Por outro lado, quando você aceita que seu sistema de produtividade precisa de retoques constantes, fica muito mais fácil manter a ameaça afastada. A seguir, algumas dicas para ajudá-lo a permanecer firme com seu sistema de produtividade:

1. **Concentre-se em resultados.** Muitas metodologias de produtividade recomendam processos tão específicos que o zelo na manutenção das pastas, na classificação das mensagens ou até no visual das caixas de arquivo pode facilmente mascarar os problemas ou benefícios que o motivaram a

usá-las. Não siga um sistema só porque você comprou o livro ou o aplicativo. Se você está trabalhando com eficiência e cumprindo seus prazos, não importa se você tem ou não um sistema de cores para categorizar sua lista de tarefas.

2. **Assuma microcompromissos.** Ao abraçar um novo sistema de produtividade, adote todas as suas práticas, das fundamentais às menos importantes. Às vezes, os menores compromissos são os mais fáceis de manter. Por exemplo, dois anos depois que comecei a manter a caixa de entrada vazia, eu não a deixo mais zerada *todos os dias*, porém atualmente meu e-mail é muito mais fácil de administrar do que antes, graças aos diversos filtros que configurei quando dei início ao projeto.

3. **Encontre outros adeptos.** Um dos maiores obstáculos que encontrei ao ler o livro de David Allen *A arte de fazer acontecer* foi sua aversão ao gaveteiro de pastas suspensas; meu arquivo *só* funcionava com pastas suspensas. Felizmente, pesquisei "GTD pastas suspensas" (GTD é a sigla de *Getting Things Done*, título original do livro) e descobri uma comunidade de entusiastas discutindo com toda a seriedade as vantagens de vários tipos de arquivos – e até marcas. Ao ler sobre como outras pessoas implementaram e adaptaram o sistema, eu me senti livre da obrigação de seguir cada detalhe. Você também pode conseguir seguidores para o seu método: Marnie Webb, CEO da CompuMentor/TechSoup (agência de tecnologia sem fins lucrativos), mantém uma prateleira cheia de cópias de *A arte de fazer acontecer*. "Quando membros da minha equipe reclamam que não conseguem administrar as listas ou que têm muita coisa para fazer, pego uma cópia da prateleira", explica Webb. "Peço a eles que

voltem a reclamar depois de terem implementado o método GTD por três meses."

4. **Agende manutenções de rotina.** Anos atrás, organizei toda a tralha do home office em lindas caixas etiquetadas. Seis meses depois, um amigo comentou que não importava se você abrisse a caixa "Contas a pagar" ou "Canetas e marcadores": com certeza encontraria post-its, um adaptador de tomada, um punhado de baterias e moedas. Hoje sei que *organizar* não é o bastante – para *manter* a organização é necessário reservar uns dois dias a cada quatro ou seis meses para restabelecer a ordem e atualizar sistemas. (Essa é uma das minhas maneiras favoritas de fazer um uso produtivo dos dias posteriores a uma grande viagem ou ao encerramento de um projeto, quando estou com o cérebro cansado demais para fazer qualquer coisa que exija muito.)

5. **Preveja a obsolescência.** Até os melhores sistemas e dicas de produtividade podem não sobreviver ao tempo e ao advento de novas tecnologias. Portanto, utilize ferramentas de software com opções para exportar os dados para o formato .csv, iCal ou outros formatos-padrão. Desse modo, você não fica preso a nenhuma plataforma.

6. **Seja eclético.** Troy Angrignon, diretor de vendas e marketing da Cloudscaling, acompanha tarefas e objetivos usando um único documento de duas colunas, cuja estrutura tem elementos de praticamente todos os gurus de produtividade – Brian Tracy, David Allen, Robert Fritz. Embora a tática de combinar abordagens possa parecer uma traição para os fãs de cada sistema, Angrignon desenvolveu um método personalizado que lhe serve bem há 15 anos e no qual sempre faz ajustes e experimenta novas ferramentas.

Você também pode descobrir que ajustar seu sistema de produtividade, seja experimentando uma nova forma de elaborar sua agenda ou de classificar seus documentos em papel, é parte do processo criativo – uma maneira de se preparar para um novo ano ou projeto.

Alexandra Samuel é diretora do Social + Interactive Media Center na Universidade Emily Carr e cofundadora da Social Signal, agência de mídia social baseada em Vancouver, no Canadá. Você pode seguir Alexandra no Twitter, em @awsamuel, ou acessar seu blog, alexandrasamuel.com.

Seção 9
Explore mais

Capítulo 27
Outros livros sobre produtividade

Ilan Mochari

Este guia oferece uma vasta gama de táticas e dicas para aumentar sua produtividade. Se você deseja se aprofundar mais, resumimos as abordagens de outros três especialistas no tema: Stephen R. Covey, Julie Morgenstern e David Allen.

Os 7 hábitos das pessoas altamente eficazes, de Stephen R. Covey

Ideia básica: Este é um guia para mudar sua vida, não só a forma de administrar o dia. Ele ensina a se concentrar nas melhores maneiras de usar o tempo e a energia, a focar as coisas que você pode controlar, a manter em mente seus objetivos (tanto em projetos individuais quanto na vida em geral), a melhorar suas relações pessoais e profissionais, a se cuidar e a classificar as tarefas como urgentes ou importantes.

É ideal se você:	Não é ideal se você:
• Deseja transformar seu modo de viver. Por exemplo, você é *capaz* de se livrar de hábitos antigos como a procrastinação, mas para isso terá de trabalhar sua personalidade, não só as técnicas de produtividade. • É espiritualizado e deseja desenvolver declarações de missão para diferentes áreas da sua vida. (Por exemplo: "Quero criar dois filhos autoconfiantes", ou "Estou aqui para oferecer serviços de relações públicas inteligentes e perspicazes aos meus clientes. Vou me inspirar na minha paixão pelo que faço e no conhecimento que tenho sobre minha indústria e meus clientes".) • Aprecia uma leitura mais demorada, com muitas histórias pessoais e referências acadêmicas.	• Está feliz com sua vida fora do trabalho e apenas deseja um sistema de ferramentas para administrar o fluxo de trabalho. • Vai revirar os olhos ao ler expressões como "abrindo os portões da mudança", "conta bancária emocional" e "mentalidade de abundância". • Está procurando conselhos que abordem a vida de trabalho moderna e dispositivos eletrônicos. O conselho de Covey transcende tendências, mas seu livro é anterior aos smartphones e às redes sociais. • Deseja conselhos para organizar seu local físico de trabalho.

Fontes adicionais: franklincovey.com, the3rdalternative.com.

Organizing from the Inside Out (Organizando de dentro para fora), de Julie Morgenstern

Ideia básica: Este livro o ajudará a organizar seu espaço físico de acordo com sua personalidade, suas necessidades e seus objetivos. Identifique a principal causa para a desorganização. (Seu sistema atual é complexo demais? Você é um acumulador?) Encontre lugares para as coisas mais importantes usando a abordagem do jardim de infância: divida o espaço em zonas de atividades específicas que contenham o que for necessário para realizar determinado tipo de trabalho, com suprimentos e unidades de armazenamento apropriados para manter o conteúdo guardado. Por exemplo, crie uma área de pagamento de contas com tudo de que você precisa – mesmo que acabe tendo duplicatas (por exemplo, de selos postais) em diversas zonas.

É ideal se você:	Não é ideal se você:
• Tem dificuldade em encontrar suas coisas. • Quer conselhos sobre como organizar seus espaços físicos (escrivaninhas, escritórios, sistemas de arquivos). • Prefere listas e dicas em seções claramente sinalizadas.	• Não é fã de autorreflexão. • Está procurando mais conselhos sobre produtividade ou gestão de tempo. • Quer realizar um ajuste rápido ou precisa de uma desculpa para jogar tudo fora. Morgenstern recomenda uma abordagem de três passos (analisar, criar uma estratégia, atacar), com um processo de cinco passos na fase de ataque.

Fontes adicionais: juliemorgenstern.com, oprah.com/home/More-with-Organizing-Expert-Julie-Morgenstern, amazon.com/Julie-Morgenstern/e/B001IGQY78

A arte de fazer acontecer, de David Allen

Ideia básica: Este livro ajudará você a refletir sobre suas tarefas, avaliá-las e progredir nelas. Não dependa do seu cérebro para se lembrar do que precisa fazer; anote tudo numa agenda e numa série de listas ("projetos", "próximas ações", "aguardando resposta", "algum dia/talvez"). Revise cada tarefa e determine se você deve realizá-la, delegá-la ou adiá-la. Quando estiver pronto para iniciar uma nova tarefa, use quatro critérios para decidir o que fazer: contexto, tempo disponível, energia disponível, nível de prioridade. Uma vez por semana, reúna suas listas e confira em que pé está em relação à carga de trabalho e ao cronograma.

É ideal se você:	Não é ideal se você:
• Quer um guia prático para determinar prioridades e dominar o fluxo de trabalho. • Gosta de listas em tópicos, diagramas, citações inspiradoras e fluxogramas. • Tem autoridade ou recursos para delegar tarefas. • Está em busca de conselhos sobre como organizar espaços físicos de trabalho e a produtividade em geral.	• Também está em busca de orientação espiritual. • Gosta de ler histórias ou casos pessoais. • Sente-se sobrecarregado por criar sistemas elaborados de pastas de arquivos físicas. • Não se sente à vontade delegando tarefas.

Fontes adicionais: davidco.com, gtdtimes.com, youtube.com/watch?v=Qo7vUdKTIhk

---

Ilan Mochari é redator-chefe da *The Build Network* e escreve para a revista acadêmica *MIT Sloan Management Review*.

Capítulo 28
Aplicativos e ferramentas de produtividade

A seguir, uma lista de aplicativos e sites para aumentar ainda mais seu interesse em obter o máximo de seu tempo e energia. Não é uma lista completa – compilamos os itens favoritos de alguns dos membros mais produtivos da comunidade HBR.org: Joshua Gans, cátedro Skoll em Inovação e Empreendorismo na Rotman School of Management, da Universidade de Toronto; Heidi Grant Halvorson, Ph.D., autora de *9 atitudes das pessoas bem-sucedidas*; Whitney Johnson, autora de *Dare Dream Do* (Ouse, sonhe, faça); Dave Kerpen, autor de *Likeable Social Media* (O lado agradável das redes sociais); e Andrew McAfee, autor de *Empresas 2.0: a força das mídias colaborativas para superar grandes desafios empresariais*. Como a tecnologia está em constante evolução, considere esta lista uma simples inspiração. Por exemplo, se o Longer Days não estiver mais disponível, experimente pesquisar um assistente virtual para ver quais são os aplicativos novos nessa linha.

Administre sua agenda

- As empresas **Longer Days, Brickwork India** e **Uassist. ME** são apenas três de dezenas que oferecem serviços de assistente virtual a pessoas que precisam de ajuda com as tarefas administrativas, como agendar reuniões e telefonemas, obter informações sobre pessoas para oportunidades de networking, fazer pesquisas de mercado (sobre informações de companhias ou dados de faturamento). Elas têm outras funções, como revisão de textos (em inglês) e administração de eventos que exijam confirmação de presença, e podem ajudá-lo até com tarefas pessoais, como agendar consultas médicas. Os assistentes virtuais aumentam a produtividade sem aumentar o número de funcionários na sua empresa. Os programas são relativamente baratos, e você pode descobrir o preço deles fazendo uma breve consulta no próprio site. – *Dave Kerpen*

- O **Tungle.Me** e o **Doodle** acabarão com aquelas intermináveis correntes de e-mails que muitas vezes surgem quando você tenta marcar uma reunião com várias pessoas de dentro e de fora da sua organização. O **Tungle. Me** possibilita que as pessoas vejam a disponibilidade na sua agenda e marquem reuniões e telefonemas com facilidade, além de sincronizar com a maioria dos aplicativos de agendas na web e de dispositivos móveis. O **Doodle** permite que várias pessoas compartilhem sua disponibilidade para determinado evento através de uma enquete e encontra um horário e uma data convenientes para todos. – *Dave Kerpen*

Crie suas listas

- O **Workflowy** é um aplicativo on-line que lhe permite se organizar melhor reproduzindo sua maneira natural de pensar. Ele ajuda você a fazer uma lista das ideias e tarefas gerais e depois as divide em partes menores. Por exemplo, comecei criando as categorias "Pessoal" e "Trabalho", mais abrangentes. Em "Trabalho", criei sublistas como "Empresa de investimentos", "Lançamento de livro" e "Blog HBR". Você pode subdividir listas como essas de modo praticamente ilimitado. – *Whitney Johnson*

- O **Remember The Milk** é um gerenciador de tarefas on-line que permite ao usuário acompanhar facilmente sua lista de tarefas pelo smartphone. Você pode acrescentar itens à lista, fazer o aplicativo lembrá-lo de resolver o que for preciso quando estiver passando pela rua marcada, organizar tarefas por prioridade, agendar afazeres por meio da integração com ferramentas populares de agenda (como o Outlook e o Google Agenda) e sincronizar tudo para ver a lista atualizada e organizada por ordem de prioridade, quer você esteja dentro ou fora do escritório. – *Dave Kerpen*

- O **Evernote** permite que você guarde anotações, arquivos e imagens e os acesse depois no tablet, celular ou computador através de uma ferramenta de busca. Salve páginas favoritas fazendo comentários sobre elas, tire foto de um local para uma possível festa de lançamento, grave um áudio com suas ideias para um produto e outros adicionais quando e onde tiver inspiração, ou mantenha todos os seus itinerários e documentos de viagem digitalizados em um único lugar. O Evernote também facilita o compartilhamento de anotações e documentos com amigos, colegas de turma e de trabalho. – *Dave Kerpen*

Gerencie seus lembretes

- O **Due** é um aplicativo para iPhone que fica lembrando você de fazer algo em um horário específico até que você o faça. Ele funciona assim: suponha que você precisa se lembrar de mandar um e-mail mas não pode escrevê-lo agora. Com o Due, você programa o smartphone para alertá-lo em um horário específico (daqui a meia hora, às 4 da tarde, etc.). Eu costumava deixar bilhetes para mim mesmo ou escrever na mão. Com o Due, posso fazer a mesma coisa com mais precisão. Ele emite o alarme até que eu aceite o lembrete ou altere o horário em que quero ser lembrado. – *Joshua Gans*

- O **Nudgemail** ajuda você a se lembrar do que fazer e quando. Se precisa comprar leite no caminho para casa ou um cliente solicitou uma pré-proposta, o Nudgemail lembra você da tarefa na hora certa. Basta enviar um e-mail para endereços específicos com a data e o horário e libertar sua mente para se concentrar na próxima tarefa importante. – *Dave Kerpen*

Gerencie seus arquivos

- Se você usa vários computadores, trabalha em diversos projetos e/ou tem muitos colegas de trabalho, experimente o **Dropbox**, um aplicativo de armazenamento na nuvem que elimina entraves relacionados a arquivos. Ele coloca seus arquivos em uma pasta que todos os seus dispositivos conseguem acessar e os sincroniza em segundo plano, sem que você precise mexer um único dedo. Também permite que você compartilhe diferentes pastas com diferentes colaboradores. Quantas vezes você tentou enviar um arquivo por e-mail mas recebeu aquela mensagem dizendo que ele foi rejeitado por ser grande demais? Crie uma pasta no Dropbox, convide o(s) destinatário(s) a compartilhá-la, e seus problemas acabarão. – *Andrew McAfee*

- O **JotNot** é um aplicativo para iPhone que permite tirar uma foto de qualquer imagem ou documento e transformá-la imediatamente em PDF. Com isso, você pode assinar e devolver um contrato em segundos, na rua. – *Dave Kerpen*

Gerencie suas redes sociais

- Não sei o que eu faria sem o **HootSuite**, um painel de redes sociais que permite ao usuário monitorar e postar em todas as redes simultaneamente. Se você mantém um blog ou usa redes sociais para trabalhar, esta ferramenta proporciona uma *enorme* economia de tempo. Quando escrevo ou leio algo que quero compartilhar, posso informar a todos com uma única postagem em vez de logar em cada conta separadamente. Uso o **HootSuite** para gerenciar minhas contas no Facebook, Twitter, LinkedIn e Google+, e ele também é compatível com o Tumblr, o WordPress e o Foursquare.
– *Heidi Grant Halvorson*

- O **Buffer** permite que você pré-agende mensagens em redes sociais e cria automaticamente um intervalo entre elas. Em cinco minutos, você pode encontrar artigos que merecem ser compartilhados com colegas e clientes em potencial e tuitar o dia inteiro sem precisar acessar o Twitter outra vez.
– *Dave Kerpen*

- O **Rapportive** é uma extensão de navegador para o Gmail que transforma a barra lateral sem graça do gerenciador de e-mails do Google em uma ferramenta para economizar tempo. Em vez de anúncios, você verá informações de redes sociais sobre o remetente do e-mail: foto, links para seus perfis nas redes sociais, tuítes recentes, etc. A extensão está disponível para Firefox, Chrome e Safari, é gratuita e integra-se perfeitamente com o Gmail. A ferramenta elimina a necessidade de realizar uma busca separada para descobrir mais sobre novos contatos ou clientes. – *Dave Kerpen*

- O **Dragon Dictation** é um aplicativo de reconhecimento de voz que lhe permite ditar textos ou e-mails com facilidade. Fale para o programa e veja a transcrição imediatamente. É mais rápido e seguro do que digitar dirigindo, e você pode ditar tudo, de tuítes a e-mails mais longos. – *Dave Kerpen*

- O **NutshellMail** elimina a necessidade de várias visitas às suas contas nas redes sociais. Ele envia a você um resumo diário e inclui somente informações importantes, como curtidas, postagens e comentários no Facebook, e menções, novos seguidores e tuítes no Twitter. – *Dave Kerpen*

CONHEÇA OUTROS TÍTULOS DA
COLEÇÃO HARVARD UM GUIA ACIMA DA MÉDIA

Negociações eficazes
Jeff Weiss

Aprenda a sair de um processo de concessões sucessivas e a trabalhar de maneira colaborativa e criativa com a outra parte, construindo acordos e relacionamentos melhores. Veja também como:
- preparar-se com antecedência
- dar o tom certo à conversa
- compreender o que de fato está em jogo
- lidar com as emoções
- desarmar negociadores agressivos

A arte de dar feedback

Não importa se você quer reconhecer um trabalho exemplar ou abordar problemas de comportamento, neste livro você encontra dicas certeiras para promover o melhor da sua equipe. Aprenda a:
- conquistar a confiança de seus subordinados diretos
- incluir feedback nas suas interações diárias com eles
- transformar as avaliações anuais em catalisadores de crescimento
- avaliar o desempenho de forma justa
- enfatizar a melhoria e as conquistas, mesmo na hora de criticar
- reagir com calma a alguém que fica na defensiva
- reconhecer e motivar os destaques da equipe
- criar planos de desenvolvimento individualizados

CONHEÇA OS TÍTULOS DA *HARVARD BUSINESS REVIEW*

10 LEITURAS ESSENCIAIS
Desafios da gestão
Gerenciando pessoas
Gerenciando a si mesmo
Para novos gerentes
Inteligência emocional
Desafios da liderança
Lições de estratégia
Gerenciando vendas
Força mental
Alto desempenho

UM GUIA ACIMA DA MÉDIA
Negociações eficazes
Apresentações convincentes
Como lidar com a política no trabalho
A arte de dar feedback
Faça o trabalho que precisa ser feito
A arte de escrever bem no trabalho
Como lidar com o trabalho flexível
Como melhorar a saúde mental no trabalho

SUA CARREIRA EM 20 MINUTOS
Conversas desafiadoras
Gestão do tempo
Feedbacks produtivos
Reuniões objetivas
Finanças para iniciantes
Produtividade no trabalho

sextante.com.br